GEDÄCHTNISSCHRIFT FÜR ANTON BURGHARDT

Bleibendes und Veränderliches in der Katholischen Soziallehre

Anton Burghardt zum Gedächtnis

Herausgegeben von

Alfred Klose und Gerhard Merk

DUNCKER & HUMBLOT / BERLIN

Gedruckt 1982 bei Buchdruckerei A. Sayffaerth - E. L. Krohn, Berlin 61
Printed in Germany

ISBN 3 428 05160 2

INHALTSVERZEICHNIS

VORWORT

Seinen 70. Geburtstag überlebte *Anton Burghardt* nur um vier Monate. Knapp vor Ablauf seines letzten Semesters als Professor für Soziologie an der Wirtschaftsuniversität Wien verschied er am 28. September 1980. Zuvor noch war es ihm vergönnt, aus der Hand seiner Freunde eine Festschrift entgegenzunehmen. Sie erschien unter dem Titel: „Soziologie und Sozialpolitik. Ausgewählte Schriften von Anton Burghardt" im Verlag Duncker & Humblot (Berlin) und enthält ein fast lückenloses Schrifttumsverzeichnis des Verewigten.

Was Anton Burghardt im besonderen auszeichnete, war die seltene Kombination dreier hervorragender Gaben. Erstens besaß er ein ausgeprägtes *kritisches Denkvermögen,* das weit mehr war als das, was man gemeinhin Feingespür, Unterscheidungskraft und Scharfsinn nennt. Zweitens eignete Anton Burghardt eine uneingeschränkte *intellektuelle Redlichkeit.* In der Suche nach Wahrheit und in der Darlegung seiner Erkenntnisse richtete er sich kompromißlos an den höchsten Idealen der Sozialwissenschaften aus. Drittens überragte er durch seine unermüdliche *Tatkraft und Ausdauer* — selbst in den vielen Tagen der Krankheit und des Leidens, die ihm sein irdisches Leben bescherten.

Angesichts dieser außergewöhnlichen Verknüpfung von Eigenschaften wäre es unglaubwürdig zu behaupten, daß Anton Burghardt immer nur Zustimmung fand. Vor allem seine Arbeiten zum Themenkreis „Katholische Soziallehre" forderten *manche Kritik* heraus. Gerade darin jedoch zeigt sich ja letztlich, wie anregend und bewegend Anton Burghardt wirkte. Das war auch der Grund dafür, daß wir aus dem breiten Feld der Interessen Anton Burghardts diesen Bereich auswählten, um ihn von Freunden des Dahingeschiedenen tiefer ausleuchten zu lassen.

Ganz im Geiste des Verstorbenen sind aus der folgenden Aufsatzsammlung Beiträge zu Problemen der Katholischen Soziallehre entstanden, die deutlich unterschiedliche Standpunkte und Meinungen erkennen lassen. Wir erhoffen uns davon eine weiterwährende, *fruchtbare Diskussion:* vor allem um die Abgrenzung zwischen den Konstanten und den Variablen der Katholischen Soziallehre.

Zum großen Kreis seiner persönlichen Freunde durfte Anton Burghardt auch Herrn Ministerialrat a. D. Senator e. h. Professor Dr. *Johannes Broermann* zählen, den Inhaber des weitbelobten Verlages Duncker & Humblot in Berlin. Er, von dem Anton Burghardt stets mit besonderer Hochachtung als einem mit dem Adel des Geistes und der Seele gleichermaßen ausgezeichneten Menschen sprach, ermöglichte großherzig das Erscheinen dieser Gedenkschrift. Ihm und den Kontributoren danken wir an dieser Stelle für die angenehme Zusammenarbeit.

Alfred Klose, Wien
Gerhard Merk, Siegen

ZUR ZIELORDNUNG*

Von Gerhard Merk, Siegen

Immerdar erwies sich *Anton Burghardt* als Mann der Mitte. Dies zeigt sich besonders auch in seinen Arbeiten zur Katholischen Soziallehre (KSL)[1]. Zwar sind diese leider Gottes an manchen Stellen nicht leicht verständlich. Einige Sätze mußte auch ich sogar dreimal lesen, wiewohl ich doch mit der besten persönlichen Verstehenshaltung an den Text heranging. Was jedoch *Anton Burghardt* inhaltlich zum Ausdruck bringt, ist durchaus einsichtig und wird sicherlich auch zutreffend bleiben. Dabei kreisen seine Überlegungen zur KSL stets um die Fragen der Zielordnung: Was im Grunde ist die KSL, und was möchte sie letztlich erreichen? Ziel meint also den angestrebten Endpunkt: das beabsichtigte Ergebnis. Ordnung drückt zunächst einmal ganz allgemein aus, daß Mannigfaltiges in das Verhältnis des Miteinander, Zueinander, Nebeneinander und Nacheinander gebracht wird[2].

A. Wesen der Katholischen Soziallehre

(1) Die KSL möchte den Sinn menschlicher Gesellschaft begreiflich machen. Sie liefert gleichzeitig Maßstäbe zur Beurteilung darüber, inwieweit dieser Sinn in einem bestehenden Sozialen verwirklicht ist. Im Gegensatz zu den beschreibenden (empirischen) Gesellschaftswissenschaften will sie also darüber unterrichten, was richtig und falsch ist. Die KSL ist damit wertaufzeigende (normative) Wissenschaft von der Gesellschaft.

(a) *Katholisch* ist als Herkunftsbezeichnung zu verstehen. Die Lehre wurde aus dem kennzeichnenden Denken der römisch-katholischen Kirche entwickelt. Kirche möchte das menschliche Dasein umfassend deuten. Dazu gehört auch der Bereich des Sozialen. Es liegt jedoch zu Tage, daß christliche Kirchen hierbei arteigene Erklärungswege beschritten haben. Insofern ist es angebracht, die Herkunft deutlich zu nennen. Freilich stößt das Wort „katholisch" vielfach auch auf ableh-

---

* Ich danke *Herrn Professor Dr. Drs. h. c. mult. Oswald von Nell-Breuning, S. J. (Frankfurt)* für kritische Hinweise und Einwände. Selbstverständlich geben die folgenden Ausführungen ausschließlich meine eigene Meinung wieder.

nende Vorurteile. Dies scheint der wichtigste Grund dafür zu sein, daß manche „katholisch" durch „christlich" ersetzen.

(b) Das *Soziale* als Gegenstand der KSL erweist sich, wie *Anton Burghardt* mehrfach hervorhebt[3], als theoretisches Konstrukt: als ein die Wirklichkeit nicht näher kennzeichender Begriff. Was das Soziale oder die Gesellschaft eigentlich darstellt, versteht man erst dann, wenn man sich über den Sinn der Gesellschaft klar geworden ist. Vorerst könnte man in Anlehnung an *Anton Burghardt* das Soziale (die Gesellschaft) als einander beeinflussende Mehrheit von (mindestens zwei) Menschen umschreiben[4].

(c) Mit *Lehre* meint man meistens Aussagen, die aus den Grundsätzen einer oder mehrerer Wissenschaften abgeleitet sind, etwa: Arzneiwirkungslehre. Oftmals aber heißt eine Wissenschaft selbst „Lehre", etwa: Volkswirtschaftslehre. Versteht man unter Wissenschaft das vollständige Ganze der aus Ursätzen gleichartig abgeleiteten und in stimmigen Zusammenhang gebrachten Erkenntnisse, so ist die KSL zweifellos Wissenschaft. Wie viele andere Wissenschaften, so läßt auch sie sich in eine Grundlagenlehre und in eine Anwendungslehre gliedern. Die *Grundlagen*lehre oder Sozial*theorie* stellt Aussagen mit dem Anspruch auf zeitlich dauernde Geltung auf. Sie ist damit eine allgemeingültige Theorie (Theorie — wie bei *Anton Burghardt*[5] — verstanden als logisch miteinander verbundene, widerspruchsfreie Urteile). Die Aussagen der *Anwendungs*lehre oder Sozial*verkündigung* beanspruchen Gültigkeit lediglich innerhalb bestimmter Gegebenheiten (Rahmenbedingungen). Sie sind also eine bedingt-allgemeine Theorie. Wohlbedacht bezeichnet *Anton Burghardt* die Sozialtheorie als die *Konstanten* der KSL, die Sozialverkündigung hingegen als deren *Variablen*[6]. — Viel Unklarheit, ja sogar Verwirrung entstand und entsteht noch immer dadurch, daß Sätze der katholischen Sozialtheorie mit Aussagen der katholischen Sozialverkündigung vermengt werden.

B. Aussagen der Sozialtheorie

(1) Sämtliche Aussagen der katholischen Sozialtheorie fußen auf *Vernunfterkenntnissen*[7]. Als solche erweisen sie sich sowohl dem Christen als auch dem Nichtchristen zugänglich. Es sind näherhin Einsichten, die das menschliche Erkenntnisvermögen aus der Betrachtung der Dinge selbst, durch Erfahrung und Nachdenken, sicher zu gewinnen vermag. Als rationaler Begründung fähig und bedürftig gehören die Urteile der katholischen Sozialtheorie mithin zur Sozial*philosophie*, und nicht zur Sozial*theologie*.

(2) Die katholische Sozialtheorie geht bei ihren Überlegungen stets von einer der Erfahrung zugänglichen Tatsachenkenntnis, von einem *empirischen Wissen* über die Gesellschaft gesamthaft und in ihren Teilbereichen (Wirtschaft, Politik) aus. Wissen meint dabei die geordnete Verknüpfung zusammengehöriger Erkenntnisse in Gestalt eines in sich (vorläufig) abgeschlossenen Ganzen. Solche Erkenntnisse liefern die anderen Sozialwissenschaften, vor allem die Soziologie, die Sozialpsychologie, die Wirtschaftswissenschaften und die Politologie. Aus dem nun, *was* etwas ist oder *wie* es ist, erschließt es sich der Vernunft auch als Wert: nämlich wie es sein *soll* oder *nicht* sein *darf*. Sittliche Regeln lassen sich mithin aus dem Wesen (der Natur) der Dinge einsehen und begründen[8].

(3) Nach Meinung vor allem evangelischer Theologen gab es vor Urzeiten einen „Sünden-Fall". Dieser habe die Erkenntnisfähigkeit des Menschen entscheidend getrübt[9]. Was gut oder bös ist, könne darob alleinig von Gott her mitgeteilt werden. Nicht also die Vernunft *erfaßt* richtig und falsch, sondern nur der christliche Glaube (fides) *belehrt* darüber. Solche fideistische Grundhaltung kennzeichnet weithin die Evangelische Sozialethik. Sie hat aber auch im katholischen Lager Anhänger[10].

(4) Es ist augenscheinlich, daß für die Annahme oder Ablehnung einer jeden Lehre auch *nichtrationale Gründe* eine Rolle spielen. So gibt es etwa Menschen, die eine besondere Vorliebe und andere, die eine persönliche Abneigung gegen die Mathematik haben. Davon wird natürlich der *Inhalt* der Mathematik überhaupt nicht berührt. Genau so ist es auch mit der katholischen Sozialtheorie. Die Zustimmung zu ihren Zielvorstellungen enthält unstreitig auch subjektive Elemente. Gleichwohl sind die *Inhalte* der Sozialtheorie *aus sich heraus* einsichtig. Sie sind unabhängig von ihrer Zustimmung durch den Einzelnen als wahr erkennbar. Des näheren handelt es sich dabei um Aussagen zur Gesellschaft und zum Menschen.

I. Gesellschaft und Mensch

(1) Die Gesellschaft setzt sich ersichtlich aus Menschen zusammen[11]. Dabei ist ein Doppeltes zu beachten. Erstens: Gesellschaft besteht nur *aus* Menschen. Zweitens: Gesellschaft bildet sich nur *in* Menschen; nirgends sonstwie außer in Menschen zeigt sich Gesellschaft. Diese Tatsachen lassen eine naheliegende Erkenntnis aufleuchten. Besteht die Gesellschaft in nichts anderem als *in* diesen Menschen, so besteht sie auch *für* diese Menschen.

(2) Daraus läßt sich ein wichtiger Leitsatz folgern. Wenn die Gesellschaft *für die Menschen* vorhanden ist (*aus* denen und *in* denen sie ja nur besteht), dann muß dies auch ihr *Sinn* sein. Mithin ist Gesellschaft dazu da, um diesen Menschen soviel als möglich zur Entfaltung ihres Menschtums zu verhelfen. Auf keinen Fall kann ihr Auftrag darin liegen, die Menschen daran zu behindern oder sie auch nur zu beeinträchtigen.

(3) Das Soziale *besteht* also im vergesellschafteten Menschen, *für* den es da ist. Jede Sozialwissenschaft, gleich ob die Nationalökonomie oder die KSL, ist deshalb nur *in* diesen Menschen *greifbar*. Für die einzelnen empirischen Sozialwissenschaften mag es genügen, diesen Menschen lediglich in beobachtbaren Verhaltensmerkmalen zu beschreiben[12]. Die normative KSL muß die umfassendere Frage stellen: Was ist der Mensch?

II. Mensch und Gesellschaft

(1) Jeder Mensch ist in seinem Wesen, im Inbegriff seiner Eigenschaften, *einmalig*. Weder leiblich noch geistig gibt es zwei gleiche Menschen. Jeder hat sein eigenes *Aussehen;* eine nur ihm eigentümliche *Körperbeschaffenheit;* sein besonderes *Temperament* (als bleibende Art, wie Eindrücke der Außenwelt erfaßt, verarbeitet und erwidert werden); auch seine speziellen (biochemisch erklärbaren) *Erbanlagen*, deren besondere Zusammenstellung eine wichtige Vorbedingung seines Daseinsrahmens bildet[13]. Der Mensch ist also *Einzelwesen, Individuum*. Von allem anderen Seienden ist er überdem dadurch abgehoben, daß er nicht wie ein Naturding einfach da ist. Vielmehr kann er sein Leben *gestalten*, nämlich nach Zielvorstellungen ausrichten.

(2) Solche jeden Menschen auszeichnende Einzigkeit begründet seine Erhabenheit, seine *Würde* als Individuum und damit auch seinen Rang als Träger von Rechten: als *Rechtssubjekt*. Dem Menschen kommen durch Geburt gewisse Rechte *(Grundrechte)* zu, die ihm nicht erst von der Gesellschaft gegeben werden, folglich auch nicht genommen werden können. Der Einzelne ist also viel *mehr* als nur ein Teil der Gattung „Mensch"; bei weitem *mehr* als nur ein dem Staatswohl untergeordneter Bürger und mitnichten lediglich ein zufälliges und verschwindendes Bißchen in der Entwicklung des Weltganzen.

(3) In *christlichem Verständnis* zeigt sich die überragende Rolle des Individuums noch viel tiefgründiger. Weiß sich doch hier der Einzelne von einem ihn liebenden Gott geschaffen. Er ist eingeladen zu einem Verhältnis unmittelbarer Partnerschaft mit Gott. Er lebt in der Gewiß-

heit eines Heils, das alle in ihm liegenden Anlagen und Wünsche erfüllt. Aus dieser von Gott an ihn gerichteten Berufung empfängt jeder Einzelne zusätzlichen Rang als Individualität: als ein zu verantwortlicher Selbstgestaltung bestimmtes Wesen.

(4) Der Mensch ist aber nicht nur Individuum, sondern ingleichen auch *gesellschaftliches Wesen*. Jeder Einzelne ist bedürftig. Bereits vor seiner Geburt bleibt er auf fremde Hilfe angewiesen. Aber nicht allein diese *leiblich* not-wendige Hinordnung auf den Anderen macht den Einzelnen zum gesellschaftlichen Wesen. Vielmehr bietet ihm erst die Gesellschaft eine Möglichkeit, sich *geistig* zu entwickeln, ja sich überhaupt bloß mitzuteilen. Menschliche Werte und Tugenden lassen sich in jedem Falle nur in der Hinwendung zum Anderen verwirklichen. Anerkennung, Vertrauen, Dankbarkeit, Liebe und viele andere Werte vermag der Einzelne nur dank des ihm gegebenen Offen-Seins für den Anderen zu erfahren. Als vereinzeltes Individuum hätte er noch nicht einmal eine Sprache. Er käme nie zur Entfaltung seiner Anlagen.

(5) Der *ganze Mensch* als Einheit von Geist und Leib ist mithin gekennzeichnet durch den Selbstand des Einzelwesens *(Individualität)* wie durch das Mit-Sein mit anderen *(Sozialität)*. Beide Umstände eignen ihm *gleichursprünglich*. Man kann ihm weder das eine noch das andere nehmen oder auch nur verkürzen, ohne ihm damit das zu nehmen, was ihn zum Menschen macht: ohne ihm die *Personalität* zu rauben oder doch zu verstümmeln. Individualität und Sozialität erweisen sich als *gleich gewichtig*, immaßen als *ebenermaßen bedeutend* für die Personalität.

III. Ziel der Gesellschaft

(1) Gesellschaftliche Gebilde jeder Art (Gemeinschaften, Gruppen)[4] haben stets ein Ziel: das *Gemeingut*. Es ist das, was alle Mitglieder wollen und erstreben, was ihnen „wert" ist. Das Gemeingut als *Wert* und einheitsstiftendes Band prägt damit die jeweilige Gesellschaft in ihrer Eigenart. Gemeingut bezeichnet dabei jedoch keinen Wert, der dem gesellschaftlichen Gebilde als solchem zukäme, ohne Rücksicht auf seine Glieder. Er besteht nicht *außer* den an ihm teilhabenden Menschen, sondern *in* diesen. Jedes Soziale hat sein arteigenes Gemeingut. Von der Werthöhe und Wertdringlichkeit dieses Zielgutes her bestimmt sich die Verpflichtungskraft, mit der eine Gesellschaft von den einzelnen Mitgliedern Opfer fordern kann[14].

(2) Die richtige Verfaßtheit des Sozialgebildes in Hinblick auf die Verwirklichung des Gemeingutes heißt *Gemeinwohl*. Das Gemeinwohl

sagt also etwas darüber aus, wie eine Gesellschaft eingerichtet und geordnet *(organisiert)* sein muß, damit ihre Glieder zum erfolgreichen Zusammenwirken für das Gemeingut angemessen beitragen und überdem die Teilhabe am Gemeingut erreichen können[15]. Es beschreibt damit einen anzustrebenden gesellschaftlichen *Zustand.* Als zu formende Ordnung bedarf das Gemeinwohl der Sicherung durch eine gesellschaftliche Gewalt mit verbindlicher Durchführungsvollmacht, die im Namen der Glieder handeln kann. Diese Autorität[16] besteht im Recht und in der Pflicht, alle Maßnahmen für das Gemeinwohl zu ergreifen. Sie kann auf verschiedene Weise ausgeübt werden, beispielsweise durch Entscheidung der Mehrheit oder durch Handeln einer Gruppe bezw. eines Einzelnen im Namen der Gesellschaft.

(3) Das Zielgut öffentlicher Gemeinwesen aller Art („Staat") besteht darin, einen Rahmen für das menschenwürdige Leben aller in Frieden, Freiheit und Gerechtigkeit zu schaffen[17]. Gemeingut des Staates als *Genossenschaftsverband* (als der politischen Organisation) ist mithin das Gemeinwohl eben dieser Gesellschaft. Als Aufgabe des Staates ergibt sich von daher: die bestmögliche Erfüllung der Lebensziele seiner Bürger durch dementsprechende Verfaßtheit sicherzustellen. Das so umschriebene Gemeinwohl hat Vorrang vor anderen Zielgütern der Einzelnen sowie der Gemeinschaften und Gruppen[4]. Gleichzeitig verpflichtet es den Staat als *Herrschaftsverband* (als eine mit Machtmitteln ausgestattete Organisation), eine Rechtsordnung zu schaffen. Diese gilt es zu wahren, nämlich gegen Widerstrebende durchzusetzen sowie gegen innere und äußere Feinde wirksam zu schützen. Um dies zu tun, bedarf der Staat einer eigenen Autorität[18]. Sie zeigt sich in einem Geflecht von Behörden, Ämtern und Verwaltungseinrichtungen: im Staat als *Anstalt.* Das Anstaltliche im Staat darf aber nicht zum Selbstzweck werden (Bürokratie, „System"[19]) und verkennen, daß der Sinn des Staates im Genossenschafts- und Herrschaftsverband zur Erreichung des Gemeinwohls seiner Bürger besteht.

IV. Maßstäbe zur Beurteilung

Bei der Beurteilung darüber, ob ein gesellschaftliches Gebilde in Hinblick auf das Gemeingut richtig verfaßt ist, lassen sich vor allem zwei Maßstäbe anlegen: Zuständigkeit und Gerechtigkeit.

(1) Leitender Richtsatz für die Gliederungsform eines jeden Sozialen ist zuvörderst der *Grundsatz der Zuständigkeit* (Kompetenz, Subsidiarität). Dieser bestimmt eindeutig die Befugnisse der Gesellschaft gegenüber den sie bildenden Einzelnen. Er legt in gleicher Weise auch die Ordnungsbeziehungen zwischen den Großgruppen und Kleingruppen[4]

fest. Damit gilt er für soziale Gebilde allzumal und auf sämtlichen Stufen: von der Familie über den Betrieb bis hin zum Staat[20].

(a) *Allgemein* fordert das Zuständigkeitsprinzip, ein Soziales organisatorisch derart auszurichten, daß eine sachlich unbegründete Lenkung und Bestimmung von Menschen und Gruppen durch andere ausgeschlossen bleibt. Damit wird sichergestellt, daß die Einzelnen in größtmöglicher Freiheit und personaler Mitverantwortung an Sozialgebilden beteiligt sind. Denn es ist keineswegs gleichgültig, auf welche Weise die Erreichung des Gemeingutes erfolgt. Vielmehr wird gefordert, daß es *in* und *mit* der Entfaltung der Personwerte zustande kommt. Das jedoch setzt unumgänglich die selbsttätige, freie Mitwirkung der beteiligten Menschen voraus.

(b) *Positiv* formuliert stellt das Zuständigkeitsprinzip einen Anspruch auf Hilfe dar. Dieses Recht besitzen die Glieder einer Gesellschaft in allen Dingen, bei denen ihre eigenen Kräfte nicht ausreichen. So hat beispielsweise der Einzelne einen Hilfeanspruch gegenüber der Familie, die Familie an die Gemeinde, die Gemeinde an den Gliedstaat (Departement, Kanton, Land), der Gliedstaat an den Gesamtstaat und dieser an die Völkergesellschaft. Entwicklungshilfe ist daher im Verständnis der KSL eine aus dem Subsidiaritätsprinzip fließende Pflicht. — Die zu leistende gesellschaftliche Hilfe muß dabei in jedem Falle stets *Hilfe zur Selbsthilfe* sein. Die personalen Anlagen und Fähigkeiten Einzelner dürfen nicht zurückgedrängt, sondern sollen zur vollen Entfaltung gebracht werden.

(c) *Negativ* ausgedrückt dürfen die Organe einer Gesellschaft den einzelnen Gliedern (Personen, Gruppen) immer nur solche Aufgaben abnehmen, welche diese selbst nicht (richtig) leisten können. Insoweit erweist sich das Zuständigkeitsprinzip als ein Schutz vor Übermachtung kleinerer Gebilde durch größere[21].

(2) Der *Grundsatz der Gerechtigkeit* (Rechtlichkeit) verlangt, daß jeder das ihm Gebührende erhält. Es beschreibt die geforderte Gestaltungswirklichkeit zwischen den Gliedern eines jeden Sozialen. Zur Gerechtigkeit gehören drei Wesensmerkmale. Es ist dies erstens der Andere (Person, Gruppe) als Bezug, zweitens das Geschuldete als Gegenstand und drittens die Gleichwertigkeit als Maß. Gerechtigkeit tritt in drei Grundformen auf; alle drei zusammen begründen das, was man *soziale* Gerechtigkeit (Gemeinwohlgerechtigkeit) nennt[22].

(a) Die *ausgleichende* Gerechtigkeit (Tauschgerechtigkeit, Vertragsgerechtigkeit) zielt auf die Rechtheit im Verkehr zwischen den Gliedern einer Gesellschaft. Sie steht im Rahmen des Privatrechts. Ihre Verletzung durch Handlungen wie Übervorteilung, Diebstahl oder Eingriff in

Leib und Leben des Nächsten schafft einen Unrechtszustand. Sie tritt in der Wirtschaft besonders als Preisgerechtigkeit und Lohngerechtigkeit hervor.

(b) Die *austeilende* Gerechtigkeit (Zuteilungsgerechtigkeit) richtet sich auf die Beziehungen zwischen dem Einzelnen und der Gesellschaft. Ihr Gegenstand ist das öffentliche Recht. Sie verpflichtet die Entscheidungsträger eines jeden Sozialen, Vorteile und Lasten auf die einzelnen Glieder gemäß der unterschiedlichen Stellung des Einzelnen innerhalb der Gesellschaft umzulegen. Zur Zuteilungsgerechtigkeit zählen auch die Geldwertgerechtigkeit und die Steuergerechtigkeit.

(c) Die *gesetzliche* Gerechtigkeit (Legalgerechtigkeit) ist das Gegenstück zur austeilenden Gerechtigkeit. Verpflichtet sind hier die Personen, berechtigt die Gesellschaft. Unter die gesetzliche Gerechtigkeit fallen daher alle Handlungen, die von der Rechtsordnung eines Sozialen in Hinblick auf die Verwirklichung des Gemeingutes gefordert werden. Der Einzelne ist zur Beachtung dieser Rechtssätze der Gesellschaft verpflichtet, soweit das Zielgut selbst keinen Unrechtswert darstellt.

C. Aussagen der Sozialverkündigung

Die gedrängte Kennzeichnung der grundlegenden Gedanken katholischer Sozial*theorie* (als dem Bleibenden, Konstanten) läßt diese als richtige, einsichtige und überzeugende Aussagen erkennen. Tatsächlich gehören zumindest ihre *Folgerungen* durchweg zu dem, was man heute als übereinstimmende Einsichten aller, als „demokratischen Grundkonsens", bezeichnet. Ja, auch zur marxistischen Ordnungsvorstellung von der Gesellschaft bleibt die katholische Sozialtheorie zumindest gesprächswürdig, „dialogfähig"[23].

Die katholische Sozial*verkündigung* als wertende Stellungnahme zu einzelnen politischen und wirtschaftlichen Erscheinungen steht jedoch in minder gutem Ansehen. Übersieht man die Aufzählung der dafür auch von *Anton Burghardt* genannten Ursachen, so lassen sich zwei Hauptgründe herausschälen[24]. Einmal hängt dies mit der Schwierigkeit zusammen, Grund-Sätze auf die Wirklichkeit zu übertragen. Zum anderen erweckt die solche Urteile verkündende Autorität vielerhand Mißtrauen.

I. Seinsaussagen, Sollensaussagen und Wirklichkeit

Die wissenschaftslogischen Schwierigkeiten zwischen katholischer Sozialtheorie und der darauf bezogenen Sozialverkündigung sind vornehmlich in zweifacher Hinsicht erkennbar. Erstens: das empirische

Wissen über das Soziale ist *nicht konstant*. Zweitens: aus einem Grund-Satz lassen sich stets *mehrere* „richtige" Urteile in Bezug auf die Wirklichkeit ableiten. Beide Probleme sind aber keine Eigenart bloß der KSL. Vielmehr sind sie das Kreuz einer jeden modellbildenden Sozialwissenschaft.

(1) Die katholische Sozialtheorie erschließt aus dem, *was* etwas ist (oder auf *welche Weise* es ist), wie es sein *soll* oder *nicht* sein *darf*. Sie stützt sich bei der Seinsaussage auf die Forschungsergebnisse der empirischen Sozialwissenschaften. Deren Erkenntnisse sind jedoch keineswegs gleichbleibend, feststehend, konstant.

(a) Sie müssen sich notwendig ändern, wenn sich der betrachtete Gegenstand *(Materialobjekt)* umgestaltet. Als Beispiel sei der Nachrichtenaustausch innerhalb der Gesellschaft, die Kommunikation, genannt. In dem Maße, wie durch die Technik völlig neue Übertragungsmittel (Kommunikationskanäle: vom Telephon und Fernschreiber bis zum Rundfunk und Fernsehen) entwickelt wurden, wandelten sich auch zwangsläufig die Aussagen der Kommunikationswissenschaft.

(b) Der von den Sozialwissenschaften bereitgestellte Stand an Erkenntnissen ändert sich aber auch, wenn durch Wandlungen innerhalb einer Disziplin die Sicht der Dinge *(Formalobjekt)* eine andere wird. Für die alte Geldlehre bestand Geld in umlaufenden Münzen und Noten. Heute zählt man auch noch alle Einlagen des Publikums bei den Banken dazu. Der Geldbegriff der Nationalökonomie ist damit ein ganz anderer geworden; ein Bedeutungswandel des Begriffes „Geld" trat dadurch ein.

(c) Aus diesen Darlegungen wird deutlich, daß die wertaufzeigenden Aussagen der KSL stetsfort den sich wandelnden Gegebenheiten der sozialen Wirklichkeit angepaßt werden müssen. Sollenssätze, die früher auf die Kommunikation bzw. das Geld zutrafen, sind anjetzt einfach unzutreffend. Geändert hat sich dadurch natürlich nicht, was an den *Dingen selbst* richtig oder falsch ist! Vielmehr sind die Aussagen, in die normative Erkenntnisse gekleidet sind, lediglich dem Sachwandel der Dinge bzw. dem Bedeutungswandel der Worte gefolgt[25].

(2) Die bleibenden Sollensaussagen der KSL, ihre Konstanten, müssen als allgemein gültige Theorie zwangsläufig Sätze mit sehr weitem Informationsgehalt sein. Sie sind von daher grundsätzliche Richt-Linien, die immer *mehrere* einzelne Handlungsanweisungen zulassen. Als *Gefüge offener Sätze*[26] und damit als Ordnungs*rahmen* bilden sie für die laufend zu treffenden Entscheidungen in der Gesellschaft lediglich den *Grundriß*. Die tagtäglich nötigen Wahlhandlungen in den sozialen Teilbereichen Wirtschaft und Politik können daher auch *nicht*

aus der Sozialtheorie *unmittelbar* abgeleitet werden. Dazu bedarf es zusätzlicher Ermessensurteile, die erst nach Erhellung oft vielschichtiger Ziel-Mittel-Beziehungen gefällt werden können. Solche Ermessensurteile jedoch sind deswegen nur aus genauer Kenntnis des jeweiligen Zusammenhangs zu gewinnen. Sie setzten damit notwendig den (politischen, ökonomischen) Sachverstand voraus.

(a) Es folgt daraus, daß jede gestaltende Ordnung grundsätzlich annehmbar ist, die den Konstanten der KSL nicht widerspricht. Anders ausgedrückt: es ist einläßlich zu prüfen, welche der bestehenden Ordnungsvorstellungen die katholische Sozialtheorie am zweckmäßigsten *ergänzen*. Das ist vornehmlich eine Frage des jeweiligen Sachverstandes. Von daher ist es möglich, daß sich Katholiken für *verschiedene* besondere Organisationsformen des Sozialen entscheiden, wie etwa für den Ordoliberalismus oder den Demokratischen Sozialismus. Es ist irrig anzunehmen und aberweise zu fordern, daß aus der Anerkennung der Grundsätze der KSL stets einheitliche Entscheidungen bei der Gestaltung des Sozialen im Einzelfall folgen müßten.

(b) Weil Kirche menschliches Leben umfassend deuten möchte, darf man ihr, erstens, eine Obsorge, ein *Wächteramt* über die Unverfälschtheit der Grundsätze (Konstanten) der KSL nicht absprechen. Es muß ihr gestattet sein, Sozialtheorien hinsichtlich ihrer Verträglichkeit mit den eigenen Grund-Sätzen zu beurteilen. Auch darf es ihr, zweitens, nicht verwehrt werden, jene gesellschaftlichen Kräfte zu *loben,* deren vollbrachte Problemlösung ihr am meisten in Einklang mit ihrer Sozialtheorie zu stehen scheint. Das schließt, drittens, auch ein, solche Richtungen zu *mißbilligen,* deren soziale Gestaltungswirklichkeit in offensichtlichem Gegensatz zu den bleibenden Aussagen der KSL steht. Alle drei Zuständigkeiten machen den *Inhalt der katholischen Sozialverkündigung* aus. Zumindest die beiden zuletzt genannten Aufgaben, nämlich die zustimmende und ablehnende Beurteilung sozialpraktischer Ordnungen, können immer nur bedingt allgemeine Urteile sein. Die Aussagen der Sozialverkündigung erweisen sich damit, um wieder mit *Anton Burghardt* zu sprechen, als die Variablen, die Veränderlichen der KSL.

II. Argwohn gegen das katholische Lehramt

Ständige Erfahrungen mit redlich denkenden Kollegen und Studenten lassen es geraten erscheinen, die starken Vorurteile gegen die soziale Lehrverkündigung der katholischen Kirche ernstlich zur Kenntnis zu nehmen und zu überdenken. Denn wohl findet sich eine erstaunlich offene Zustimmung zu den Grund-Sätzen der KSL, dafern man die

Herkunft der Aussagen nicht angibt. Ist das aber geschehen, so werden gegen die KSL unverweilt Einwände vorgetragen, die (wenn nicht in der Reihenfolge, so doch im Inhalt) stets die gleichen sind[27].

(1) Wichtigster Einwand ist die *lehrverkündende Autorität* der katholischen Kirche. Sie wird leider nicht bloß als unbefriedigend empfunden. Vielmehr gilt sie bei sehr vielen Menschen geradezu als *Zerrspiegel*, als Musterbeispiel einer den Grundsätzen der Sozialtheorie widersprechenden gesellschaftlichen Autorität. Im einzelnen wird das so gesehen.

(2) Unter dem Namen „Lehramt" besteht in der katholischen Kirche eine aus bestimmten theologischen Fachleuten zusammengesetzte, *starre Herrschaft*, die ihre Berechtigung von Gott ableitet. Dieser Schicht gehören nur ehelose Menschen männlichen Geschlechts an. Frauen werden als der Teilnahme grundsätzlich unfähig erklärt. Solche Autorität entzieht sich nicht bloß durch die Behauptung göttlichen Auftrags (besondere Berufung, Weihe) der Kritik. Sie erklärt auch jeden, der nicht an ihre von Gott verliehene Vollmacht glaubt, als aus der Kirche ausgeschlossen[28]. Für den Außenstehenden hat es den Anschein, als gehe es dieser Autorität nur *um sich selbst:* um ihre Machterhaltung, ja gar um Herrschaftsmehrung. Die Autorität selbst erklärt sich dazu beauftragt, den Mitgliedern der Kirche und allen Menschen die *Sinnfrage des Lebens* zu deuten, bestimmte *Wertentscheidungen* anzuregen und die *Hoffnung* (als das zuversichtliche Vertrauen in das Heilswirken Gottes) aufzuzeigen.

(3) An der Spitze dieses „Lehramtes" steht der Bischof von Rom als *Papst*. Er nimmt für sich unter anderem in Anspruch, Stellvertreter Gottes auf Erden zu sein. Daraus wird ein *besonderer Auftrag und Rang* seiner Lehrverkündigung abgeleitet. — Dem wird entgegengehalten, daß gerade vom Papsttum lange Zeit gar keine selbsttätigen Erläuterungen der von der katholischen Sozialtheorie aufgestellten Grund-Sätze kamen[29]. Während der Hochzeit des sozialen Elends in Europa, im Jahre 1854, verkündete der Papst eine „unbefleckte Empfängnis" von Maria, der Mutter Jesu und seiner Geschwister[30]. Er verdammte ausdrücklich eine Vielzahl gesellschaftlicher Ordnungselemente (Gewissensfreiheit, Demokratie, Freiheit der Religionsausübung), die mit der katholischen Sozialtheorie durchaus verträglich sind[31]. Wenig später, als die gesellschaftlichen Probleme noch dringender eine auf die katholische Sozialtheorie hinweisende Verkündigung erheischten, ließ sich der Papst im Jahre 1870 für unfehlbar „in Sachen des Glaubens und der Sitte" erklären[32]. Dies brachte nicht nur jahrzehntelang Leid und Verdruß über viele Einzelne und Gruppen vor

allem in Deutschland, sondern verhinderte (nicht nur hier) die gemeinsame Lösung der Zeitaufgaben.

(4) Zahlreich und vielquellig sind die Vorbehalte gegenüber den *Bischöfen* als Teil des „Lehramtes". In Bezug auf die KSL seien hier nur zwei Beschwerden genannt[33].

(a) Erstens: es werden gerade auf dieser Ebene laufend Aussagen der Sozial*theorie* und der Sozial*verkündigung* vermengt. Im besonderen sind hier drei sotane Vorwürfe zu unterscheiden. Einmal: man spricht Urteile über einzelne Maßnahmen aus und behauptet dabei, diese Urteile seien *nur so* und *nicht anders* aus einem Grund-Satz (offenem Satz) ableitbar. Zum anderen: man gibt einzelne Belehrungen (statt als die Variablen) als die *Konstanten* aus, versieht sie also mit dem Anspruch auf unbedingt richtige und zeitlich dauernde Geltung. Endlich: man kennzeichnet aus der Sozial*theologie* (welcher?) hergeleitete Sätze als Folgerungen der Sozial*philosophie* oder verquickt gar regelwidrig theologische und sozialwissenschaftliche Folgerungsstränge miteinander (also ohne sie jeweils in ihrer Eigenart kenntlich zu machen). Indessen sei aber doch angemerkt, daß diese Fehler kaum in böslicher Absicht vorkommen. Sie sind wohl eher mangelnder Einsicht theologischer Fachleute in die wissenschaftslogischen Hintergründe sozialwissenschaftlichen Denkens zuzuschreiben[34].

(b) Zweitens: es gilt das, was ich zu Ehren des lieben verstorbenen Freundes den *Burghardt-Effekt* der Sozialverkündigung nennen möchte. *Anton Burghardt* weist nämlich darauf hin, daß „ein Sättigungsgesetz auch gegenüber den Postulaten der KSL sichtbar wird"[35]. Er meint damit, daß je mehr und häufiger Forderungen im Namen der KSL erhoben werden, desto weniger wirken diese. Genauer ausgedrückt: der Grenznutzen einer jeden vom „Lehramt" zusätzlich ausgesprochenen sozialen Maßregel sinkt mit der Menge dieser Belehrungen. Nutzen meint dabei die Tauglichkeit lehramtlicher Anleitung, der menschlichen Verhaltensbeeinflussung zu dienen. Selbstverständlich kann der Grenznutzen (als erste Ableitung der Nutzenfunktion nach der Menge in einer gegebenen Zeit) auch negativ werden[36]. Dann wird lehramtliche Sozialverkündigung als störend, lästig und ärgerlich, immaßen als bevormundend und gängelnd empfunden. Nach der Ansicht vieler wohlmeinender Mitmenschen ist das gerade hier in Deutschland der Fall. Viel zu häufig tritt die Amtskirche sozialverkündigend an die Öffentlichkeit — und dazu auch noch fast immer mit Verurteilungen gesellschaftlicher Erscheinungen, von der Gestaltung des Familienrechts über Bildungsfragen bis zur Höhe der Staatsverschuldung. Das erweckt dann obendrein den Eindruck, die KSL sei eine Antilehre: nämlich dazu geschaffen, um Erscheinungen der sozialen Umwelt abzuurteilen (*Anton Burghardt* spricht von „kritizistischer Oppositionslehre“[37]). Von da bis zum schon landläufigen Vorwurf, die KSL sei ein Mittel zur Machtdurchsetzung der Hierarchie, „eine klerikale Zensurinstanz zur politischen Reglementierung“[38], ist es leider nur ein halber Schritt.

D. Abschließende Bemerkungen

Zufolge einer (auch als altes Sprichwort gefaßten) denkrichtigen Folgerung ist *Miß*brauch keinesfalls ein Grund gegen den rechten *Ge*brauch. Und alle, welche die KSL aus Argwohn gegen katholische Lehrsätze ablehnen, seien daran erinnert, daß „selbst aus den Wolken des Scholasticismus Blitze der tieferen Wahrheit“ fahren, wie es ein weitsichtiger Theologe einmal ausdrückte[39].

Das aber sollte niemanden davon abhalten, innerhalb der katholischen Kirche für eine sachlich richtige und ehrliche, dabei aber umsichtige und wissenschaftslogisch einwandfreie, immaßen nämlich so erst wirksame Sozialverkündigung einzutreten. Letztlich berührt das natürlich dringend der Lösung heischende innerkirchliche Ordnungsfragen, vor allem die „zeitgemäße Umgestaltung der äußeren Verfassung“ der Kirche[40]. Nur wenn dies bald geschieht, kann sich der „Katholizismus als Prinzip des Fortschritts“[41] für die Gesellschaft erweisen. Nur diesfalls scheint die KSL glaubwürdig für eine breite Öffentlichkeit. Das jedoch ist notwendige Bedingung dafür, daß sie ihre Auf-Gabe erfüllen kann.

---

[1] Die wichtigsten Arbeiten seiner letzten, so überaus reich gesegneten Schaffensperiode sind wiederabgedruckt bei *Alois Brusatti et al. (Hrsg.):* Soziologie und Sozialpolitik. Ausgewählte Schriften von Anton Burghardt aus Anlaß seines 70. Geburtstages. Berlin (Duncker & Humblot) 1980. Im einzelnen handelt es sich um die Beiträge „Katholische Soziallehre. Anmerkungen zu ihren Konstanten und Variablen“ (S. 187 - 210), „Ideologieverdacht gegen Christliche Soziallehren“ (S. 219 - 232) sowie „Humanae vitae. Bemerkungen zu einer innerkatholischen Kontroverse“ (S. 211 - 218).

[2] Nach *Friedrich Beutter:* „Zur ethischen Dimension des Geldes“, in: Acta Monetaria, Bd. 1 (1977), S. 12. Dort auch Literaturverweise zur Herkunft des Wortes (aus der griechischen Textilmanufaktur!).

[3] *Anton Burghardt:* Einführung in die Allgemeine Soziologie, 3. Aufl. München (Vahlen) 1979, S. 2 f. sowie *derselbe:* Kompendium der Sozialpolitik. Allgemeine Sozialpolitik, Lohnpolitik, Arbeitsmarktpolitik, Politik der Sozialversicherung. Berlin (Duncker & Humblot) 1979, S. 2 f.

[4] Siehe *Anton Burghardt:* Einführung in die Allgemeine Soziologie, a.a.O., S. 163. Siehe auch *derselbe:* Lehrbuch der Betriebssoziologie, Wien, Köln,

Graz (Böhlau) 1974, S. 18. — Mit *Gesellschaft* oder *Soziales* ist hier also ein *Oberbegriff* gemeint: jede zweckhafte menschliche Gesellungsweise überhaupt (Sozial*organisation*). Eine *Unterart* ist die *Gemeinschaft:* die auf Zusammengehörigkeit beruhende, gewachsene menschliche Gesellungsweise (Sozial*organismus*). Als besondere Form der Gemeinschaft gilt die *Gruppe*. Manchmal ist Gruppe aber auch Ersatzwort für Gemeinschaft, vor allem in den Fachbüchern der Soziologie. Im ersteren Sinne könnte man die Gruppe umschreiben als Mehrheit untereinander zusammengehöriger Einzelner. Es herrscht eine vergleichsweise enge Koppelung der Mitglieder vor; ein Wir-Bewußtsein hat sich entwickelt. Gegenseitige Hilfsbereitschaft, Anerkennung einer alle Mitglieder verpflichtende Ordnung, eine Neigung zur Verfaßtheit und Bewahrung sowie eine Verfestigungstendenz (Institutionalisierung) sind weitere Kennzeichen. Siehe im einzelnen *Anton Burghardt:* Einführung in die Allgemeine Soziologie, a.a.O., S. 205 ff.

[5] Einführung in die Allgemeine Soziologie, a.a.O., S. 14.

[6] Siehe *Anton Burghardt:* „Katholische Soziallehre. Anmerkungen zu ihren Konstanten und Variablen“, in: *Alois Brusatti et al. (Hrsg.):* Soziologie und Sozialpolitik. Ausgewählte Schriften von Anton Burghardt aus Anlaß seines 70. Geburtstages. Berlin (Duncker & Humblot) 1980, S. 191 f.

[7] Siehe hierzu *Oswald von Nell-Breuning:* Wirtschaft und Gesellschaft. Bd. 1: Grundfragen. Freiburg (Herder) 1956, S. 2 ff.; *derselbe:* Gerechtigkeit und Freiheit. Grundzüge katholischer Soziallehre. Wien, München, Zürich (Europaverlag) 1980, S. 15 und S. 24 sowie *Walter Kerber:* „Katholische Soziallehre“, in: *Landeszentrale für politische Bildung des Landes Nordrhein-Westfalen (Hrsg.):* Demokratische Gesellschaft. Konsensus und Konflikt. Zweiter Teil, überarbeitete Auflage. München, Wien (Olzog) 1978, S. 568 f. — Allerdings gilt es zu beachten, daß die *Aussagen* der Kirche über *sich selbst* und ihren Platz, den sie in der Gesellschaft einnimmt, *keine* Vernunfterkenntnisse sind!

[8] Die KSL steht damit auf dem Boden des *kritischen Realismus:* aus dem Wesen, *was* und *wie* etwas ist, erkennt man seinen Sinn. Siehe zur Begründung außer den in Anmerkung 7 genannten Schriften sehr einsichtig *John R. Searle:* Sprechakte. Ein sprachphilosophischer Essay. Frankfurt (Suhrkamp) 1976 (deutsche Erstauflage 1971), S. 261 ff. („Die Ableitung des Sollens aus dem Sein“). Wiewohl der Verf. zunächst sprachlogisch argumentiert, widerlegt er später (ab S. 272) die hauptsächlichen, gegen den kritischen Realismus gerichteten Einwände.

[9] Siehe zur Erbsündenlehre *Johannes Spieker:* Ueber das ursprüngliche Böse im Menschen, dessen Erklärbarkeit und Heilung. Marburg (Krieger) 1827. Zur theologischen Kritik dieser Vorstellungen einsichtig *John Taylor (1694 - 1761):* The Scripture-Doctrine of Original Sin, Proposed to Free and Candid Examination, 4. verm. Aufl. Newcastle (Barker) 1845 (zahlreiche andere Ausgaben; Erstdruck: 1741) sowie zum (allmählichen) Aufkommen solcher Lehre im frühen Christentum *Johann August Freiherr von Starck:* Freymüthige Betrachtungen über das Christenthum, 2. Aufl. Berlin (Himburg) 1782, S. 254 ff.

[10] Dabei sind grob zwei Richtungen erkennbar. In einem Fall werden (vorgeblich *göttliche,* weil) biblische Leit-Ideen an die Gesellschaft herangetragen. Im anderen Fall finden sich soziale Ordnungsvorstellungen allgemeiner aus der *christlichen Glaubenslehre* abgeleitet. Beide Arten der *Sozialtheologie* haben viel Wertvolles zur Erkenntnis und Gestaltung des gesellschaftlichen Lebens beigetragen (Brüderlichkeitsgedanke, Nächstenliebe). Sie sind aber bis heute leider auch Quelle mancher Vorurteile (Rolle der Frau!) geblieben. Mit und über die Sozialtheologie flossen (und fließen noch immer) auch manche *moraltheologische Vorstellungen* (vom Nacktbaden über die Leichenverbrennung bis zur Sinndeutung der Sexualität), die nicht nur heute auf Ablehnung stoßen. „Neuerlich scheint sich“, so stellt *Anton Burghardt* („Humanae vitae. Bemerkungen zu einer innerkatholischen Kon-

troverse", a.a.O., S. 218) fest, „in einem sehr wesentlichen Bereich des Lebens vor allem junger Menschen das Christliche nur als ein *Verbotskatalog* darzustellen". Siehe auch zur Kritik von *Anton Burghardt* an der Sozialtheologie „Ideologieverdacht gegen Christliche Soziallehren", a.a.O., S. 226 ff.

[11] Vgl. zum folgenden *Oswald von Nell-Breuning:* Gerechtigkeit und Freiheit. Grundzüge katholischer Soziallehre, a.a.O., S. 13 ff.

[12] Als Beispiel sei der *homo oeconomicus* der Nationalökonomik genannt; siehe hierzu *Gerhard Merk:* Programmierte Einführung in die Volkswirtschaftslehre, Bd. 1: Grundlagen. Wiesbaden (Gabler) 1973, S. 91 ff.

[13] Siehe zu den oft verkannten Tatsachen anthropologischer Ontogenetik übersichtlich *Rainer Knußmann:* Vergleichende Biologie des Menschen. Lehrbuch der Anthropologie und Humangenetik. Stuttgart, New York (Gustav Fischer) 1980.

[14] Siehe hierzu vertiefend *Oswald von Nell-Breuning:* Gerechtigkeit und Freiheit. Grundzüge katholischer Soziallehre, a.a.O., S. 34 ff. sowie *Walter Kerber:* „Katholische Soziallehre", a.a.O., S. 604 ff.

[15] Siehe zum Inhalt und Wesen der Organisation allgemein *Heinrich Nicklisch:* Der Weg aufwärts! Organisation. Versuch einer Grundlegung, 2. Aufl. Stuttgart (Poeschel) 1922.

[16] Siehe zur Begründung der Autorität *Oswald von Nell-Breuning:* Gerechtigkeit und Freiheit. Grundzüge katholischer Soziallehre, a.a.O., S. 38 f. sowie *Walter Kerber:* „Katholische Soziallehre", a.a.O., S. 610 f. — Autorität ist also wertfreier Fachbegriff und darf nicht mit dem heutigs verbreiteten Reizwort „autoritär" (im Sinne von „undemokratisch") assoziiert werden!

[17] Siehe hierzu auch *Anton Burghardt:* Finanzsoziologie. Wien, München, Zürich (Europaverlag) 1979, S. 15 ff., wo das Zielgut des Staates knapp umrissen und erläutert wird.

[18] Vgl. des näheren hierzu *Alfred Klose:* Die katholische Soziallehre. Ihr Anspruch. Ihre Aktualität, Graz, Wien, Köln (Styria) 1979, S. 49 ff.

[19] Siehe hierzu *Anthony Downs:* Inside Bureaucracy. Boston (Little, Brown & Co.) 1967, mit reichlichen Literaturangaben (S. 281 - 286) sowie *Ludwig von Mises:* Bureaucracy. New Haven (Yale University Press) 1946, insbes. S. 15 ff.

[20] Siehe vertiefend zum folgenden *Oswald von Nell-Breuning:* Gerechtigkeit und Freiheit. Grundzüge katholischer Soziallehre, a.a.O., S. 48 ff. sowie *Walter Kerber:* „Katholische Soziallehre", a.a.O., S. 618 ff.

[21] *Abraham Lincoln* drückt dies im Jahre 1854 so aus: „The legitimate object of government is to do for a community of people whatever they need to have done but cannot do at all, or cannot so well do for themselves in their separate and individual capacities. In all that the people can individually do as well for themselves, government ought not to interfere" (zitiert nach *Oswald von Nell-Breuning:* Gerechtigkeit und Freiheit. Grundzüge katholischer Soziallehre, a.a.O., S. 49).

[22] Siehe hierzu und zu den Fragen der Gerechtigkeit überhaupt *Oswald von Nell-Breuning:* Gerechtigkeit und Freiheit. Grundzüge katholischer Soziallehre, a.a.O., S. 338 ff.

[23] Siehe hierzu *Rudolf Weiler:* „Katholische Soziallehre im Dialog", in: *Alfred Klose et al. (Hrsg.):* Ordnung im sozialen Wandel. Festschrift für Johannes Messner zum 85. Geburtstag. Berlin (Duncker & Humblot) 1976, S. 95 ff.

[24] Siehe die in Anmerkung 1 genannten drei kritischen Artikel von *Anton Burghardt* zur KSL.

[25] Manchmal nennt man den kritischen Realismus als philosophische Grundauffassung der katholischen Sozialtheorie (nicht menschliche Satzung

oder gar Willkür entscheidet über gut und bös, recht und unrecht: Werte und Rechtsgüter werden vorgefunden und lassen sich durch menschliche Vernunft erkennen) im Anschluß an *Aristoteles* auch *Naturrecht*. Dieses selbst ist unwandelbar. Wandelbar ist hingegen die Naturrechts*lehre:* sie muß prüfen, was vom immer unwandelbaren Naturrecht jeweils zutreffend ist. *Anton Burghardt* nennt die Konstanten der KSL auch (sprachlich mißverständlich!) *primäres* Naturrecht, die Variablen hingegen *sekundäres* Naturrecht. Gemeint ist beidesmal natürlich nicht das Naturrecht als solches, sondern die darauf bezogene Naturrechts*lehre*. Leider erweist sich häufig bereits das Wort „Naturrecht" als Quelle manches ärgerlichen Mißverständnisses (und vieler Vorurteile!). Siehe hierzu klärend *Oswald von Nell-Breuning:* Gerechtigkeit und Freiheit. Grundzüge katholischer Soziallehre, a.a.O., S. 331 f. („Nicht ohne Grund hat das Zweite Vatikanische Konzil vermieden, vom Naturrecht zu sprechen oder sich förmlich auf das Naturrecht zu berufen. Tatsächlich argumentiert es — namentlich in seiner Pastoralkonstitution *Gaudium et Spes* — auf weite Strecken naturrechtlich").

[26] Siehe hierzu grundsätzlich *Hermann Josef Wallraff:* „Die katholische Soziallehre — ein Gefüge von offenen Sätzen", in: *Hans Achinger et al. (Hrsg.):* Normen der Gesellschaft. Festgabe für Oswald von Nell-Breuning S. J. zu seinem 75. Geburtstag. Mannheim (Heinrich-Pesch-Haus) 1965 sowie (aus neoliberaler Sicht) hierzu *Gerhard Tholl:* „Die Katholische Soziallehre — ein Gefüge von offenen Sätzen. Kritische Bemerkungen zu zwei Neuerscheinungen aus dem Gebiete der Katholischen Sozialwissenschaft", in: Ordo, Bd. 18 (1967), S. 447 ff.

[27] Siehe hierzu auch *Nikolaus Monzel:* Die katholische Kirche in der Sozialgeschichte. Von den Anfängen bis zur Gegenwart. Herausgegeben von *Trude Herweg und Karl Heinz Grenner*. München, Wien (Olzog) 1980, S. 150 ff., *Walter Kerber:* „Die Grundaussagen der katholischen Soziallehre zur Wirtschaftsordnung — allgemein verbindlich oder interessensbedingt?", in: *Anton Rauscher (Hrsg.):* Soziallehre der Kirche und katholische Verbände. Köln (Bachem) 1980, S. 11 ff. (Mönchengladbacher Gespräche, Bd. 2) sowie (stark einseitig) *Harry Maier:* Soziologie der Päpste. Lehre und Wirkung der katholischen Sozialtheorie. Berlin 1965 (Deutsche Akademie der Wissenschaften zu Berlin, Schriften des Instituts für Wirtschaftswissenschaften, Nr. 17).

[28] *Anton Burghardt* („Ideologieverdacht gegen Christliche Soziallehren", a.a.O., S. 223) sieht in jeder im wesentlichen nur Herrschaft ausübenden Hierarchie („Hirten"-Ideologie!) eine besondere Form des Sozialmanichäismus. Wie jede Hierarchie, so habe auch die in der Kirche nur den Rang einer „funktional begründeten Dienststruktur. Das *Neue Testament* kennt jedenfalls *keine Hierarchie* im Sinne funktionsloser Machtstruktur." — Der Kirchenrechtler *Franz Andreas Nömer* (Das System der kirchlichen Hierarchie nach den Bedürfnissen des Zeitalters bearbeitet. München (Lentner) 1806, S. 2 f.) meint bündig: „Kristus (sic!), der Stifter unserer h. Religion, stellte im eigentlichen Sinne *keine Hierarchie* auf; denn ihm war es eigentlich nur um die Ausbreitung seines reinen, sittlichen und religiösen Lehrbegriffes, *nicht* aber um die Aufstellung eines *arroganten hierarchischen Gebäudes* zu thun: beynebens äusserte er sich in mehreren Gesprächen und Reden an seine Jünger so laut und stark *gegen* alle Herrschsucht und Obergewalt, und erklärte sich so entscheidend *gegen allen Primat*, und *gegen alle Oberherrschaft* seiner Jünger, daß der Grund der kirchlichen Hierarchie von ihm schwerlich dürfte herzuleiten seyn." Siehe zu diesen Fragen ausführlich *Felix Anton Blau:* Kritische Geschichte der kirchlichen Unfehlbarkeit zur Beförderung einer freieren Prüfung des Katholizismus. Frankfurt (Eichenberg) 1791, insbes. ab S. 458.

[29] *Anton Burghardt* („Humanae vitae. Bemerkungen zu einer innerkatholischen Kontroverse", a.a.O., S. 218) sieht darin auch den Grund zu dem „großen Ausmarsch der Arbeiterschaft, ... wußte doch die Kirche bis zu Leo XIII. keine zeitadaptierte Sozialtheologie zu entwickeln".

[30] Siehe hierzu *Thomas Braun:* Katholische Antwort auf die päpstliche Bulle über die Empfängniß Mariae. Leipzig (Wigand) 1857 sowie *Werner Harenberg (Hrsg.):* Was glauben die Deutschen? Eine Emnid-Umfrage. Ergebnisse, Kommentare. München / Mainz (Kaiser / Grünewald) 1968, S. 46. (Nur 6 % der Befragten wußten um den Sinn dieses Lehrsatzes; 53 % konnten gar keine Angaben dazu machen.)

[31] Siehe hierzu *Leopold Karl Goetz:* Der Ultramontanismus als Weltanschauung auf Grund des Syllabus quellenmäßig dargestellt. Bonn (Georgi) 1905, insbes. S. 51 ff. und *Paul Graf Hoensbroech:* Der Syllabus, seine Autorität und Tragweite. München (Lehmann) 1904 sowie *Robert Grassmann*: Briefe an seine Heiligkeit den Papst über die Fragen: Wo ist die Pestbeule der christlichen Kirche und die antichristliche Partei in der christlichen Kirche zu finden?, 4. Aufl. Stettin (Grassmann) 1900, S. 104 wegen anderer Lehren.

[32] Siehe aus der reichhaltigen Literatur hierüber *Benedikt Maria Leonhard Werkmeister, OSB:* Thomas Freykirch; oder freymüthige Untersuchungen über die Unfehlbarkeit der katholischen Kirche, 2 Bde. Frankfurt, Leipzig (o. V.) 1792; *Leonhard Maria Eisenschmid:* Die Palingenesie der Sophisten. Ein aus den Quellen geschöpfter Beitrag zur Beleuchtung des Primates und der Infallibilität der römisch-katholischen Kirche. Leipzig (Rein) 1829; *Johann Otto Ellendorf:* Der Primat der römischen Päpste. Aus den Quellen dargestellt, 2 Bde. Darmstadt (Leske) 1841; *Joseph Langen:* Das vaticanische Dogma von dem Universal-Episcopat und der Unfehlbarkeit des Papstes in seinem Verhältniß zum Neuen Testament und der patristischen Exegese. Bitte um Aufklärung an alle katholischen Theologen, 4 Teile. Bonn (Weber) 1871 - 76; *Wenzel Joseph Reichel:* Ist die Lehre von der Unfehlbarkeit des römischen Papstes katholisch? Eine Frage, gestellt und beantwortet im Namen des hierüber noch nicht gehörten katholischen Volkes. Wien (Zamarsky) 1871 sowie zum unmittelbaren Entstehen dieses Lehrsatzes *Johann Friedrich:* Tagebuch. Während des vaticanischen Concils geführt, 2. Aufl. Nördlingen (Beck) 1873. — Zu diesem Themenkreis wären die Leitsätze des Franziskanerprofessors *Eulogius Schneider* (Katechetischer Unterricht in den allgemeinsten Grundsätzen des praktischen Christenthums. Bonn (Abshoven) 1791, S. 11) zu beachten: „Natürliche Religion, und geoffenbarte Religion können nicht mitander im Widerspruche stehen; denn beide kommen von Gott, welcher sich selbst nicht widersprechen kann. Wenn also eine Religion, die sich für Offenbarung Gottes ausgiebt, etwas lehrte, das der gesunden *Vernunft zuwiderliefe,* so wäre sie schon eben deswegen in so ferne *falsch.*"

[33] Siehe Anmerkung 27 sowie die in Anmerkung 1 genannten Schriften von *Anton Burghardt.*

[34] *Anton Burghardt* („Ideologieverdacht gegen christliche Soziallehren", a.a.O., S. 232) fordert zu Recht: es „muß, so schmerzlich dies auch sein mag, endlich davon Abstand genommen werden, *profane und sakrale Bereiche zu vermengen* und ökonomische Interessen mit dem Anspruchsgewicht christlich etikettierter Ideen zu vertreten. Nur soweit diese Trennung der beiden Bereiche gelingt, kann vom christlichen Denken der Ideologieverdacht genommen werden". Siehe auch S. 224 ff., wo *Anton Burghardt* weitere Übel dieser Art aufdeckt. — Manchmal „spielen sicher auch *interessenbedingte Gründe* eine Rolle, nämlich die pastorale Rücksicht, die kirchliche Lehrautorität durch das Eingeständnis früherer Fehleinschätzungen, Einseitigkeiten oder Irrtümer nicht in Mißkredit zu bringen", räumt *Walter Kerber* („Die Grundaussagen der katholischen Soziallehre zur Wirtschaftsordnung — allgemein verbindlich oder interessenbedingt"?, a.a.O., S. 17) ein.

[35] *Anton Burghardt:* „Katholische Soziallehre. Anmerkungen zu ihren Konstanten und Variablen", a.a.O., S. 195.

[36] Es handelt sich um das in der nationalökonomischen Theorie des Haushalts beschriebene *Sättigungsgesetz,* auf die KSL angewendet; siehe

Gerhard Merk: Mikroökonomik. Stuttgart, Berlin, Köln, Mainz (Kohlhammer) 1976, S. 36 ff. wegen der (Grenz)Begriffe.

[37] *Anton Burghardt:* „Katholische Soziallehre. Anmerkungen zu ihren Konstanten und Variablen", a.a.O., S. 196.

[38] *Walter Kerber:* „Die Grundaussagen der katholischen Soziallehre zur Wirtschaftsordnung — allgemein verbindlich oder interessenbedingt?", a.a.O., S. 21.

[39] *Jakob Salat:* Aufschluß über den Ultrakatholicismus. Auch unter Protestanten! Ein Aufruf zur Menschlichkeit im schönsten und tiefsten Sinne des Wortes. München (Finsterlin) 1833, S. 26. *Salat* versteht unter diesen *Blitzen der Wahrheit* im einzelnen die Lehren über die Wasser- und Begierdetaufe, über den ausdrücklichen und den eingeschlossenen Glauben, über den formalen und den materialen Ketzer, über den guten Glauben sowie über die unsichtbare und sichtbare Kirche. Daraus „ergibt sich folgende Grundbestimmung: I. Alle *wahrhaft guten* oder *sittlichen* Menschen sind *Christen,* sind *orthodox,* trotz jeder Verschiedenheit im Buchstaben, in der Form, Konfession etc.; und es ist kein Spiel mit dem Worte, wenn sie auch *Katholiken* (dem Geiste nach, und folglich im tiefsten, entscheidenden Sinne) genannt werden; und II. alle *bösen* oder *unsittlichen* Menschen sind eigentlich *keine Christen,* sind *heterodox,* mögen sie auch alle positiven Lehren wissen und hersagen, ja wie oft ihnen auch die Worte Gott, Christus, Religion, Kirche u.s.w. von der Lippe schallen mögen; und eben Solche sind zugleich im strengsten Sinne *nichtkatholisch,* sind ‚außer der Kirche' (jener christlichen, allgemeinen, und somit auch — ursprünglich — wahren) und folglich *Heiden*".

[40] Siehe hierzu *Georg Ludwig Carl Kopp:* Die katholische Kirche im neunzehnten Jahrhunderte und die zeitgemäße Umgestaltung ihrer äusseren Verfassung mit besonderer Rücksicht auf die in dem ehemaligen Mainzer, später Regensburger Erzstifte hierin getroffenen Anstalten und Anordnungen. Mainz (Kupferberg) 1830, ein auch heute noch sehr aktuelles Buch mit wichtigen Vorschlägen und Gutachten (so von *Felix Anton Blau* auf S. 74 ff.) und wichtigen Ordinariatsakten zu Verfahren in Ehesachen. Das Buch stand bis zur letzten Ausgabe auf dem *römischen Index;* der edle Verfasser wurde *unwürdig beschimpft* und geschmäht; siehe Allgemeine Deutsche Biographie, Bd. 16. Berlin (Duncker & Humblot) 1969, S. 680) sowie *Alexander Müller:* Febronius der Neue oder: Grundlagen für die Reformangelegenheiten der deutschen Kirchenverfassung im Geiste der Baseler Beschlüsse, der Fürstenkonkordate, der Emser Punktationen und der Frankfurter Grundzüge. Karlsruhe (Chr. Fr. Müller) 1838, insbes. ab S. 55.

[41] *Hermann Schell:* Der Katholicismus als Princip des Fortschritts, 6. Aufl. Würzburg (Göbel) 1897. — Vgl. dagegen die (mit Belobigungen des Papstes *Pius X.* sowie des Kardinal-Staatssekretärs *Raffaelo Merry del Val* eingeleitete Schmähschrift von *Ernst Commer:* Hermann Schell und der fortschrittliche Katholizismus. Ein Wort zur Orientierung für gläubige Katholiken, 2. Aufl. Wien (Kirsch) 1908, insbes. ab S. 229. Zur möglichen Begründung solcher Erscheinungen siehe *Franz Pieper:* Christliche Dogmatik, umgearbeitet von *Johannes Theodor Mueller.* St. Louis (Concordia Verlag der Missouri-Synode) 1946, S. 742 ff.

ZUR WIRTSCHAFTSORDNUNG

Von Arthur F. Utz, Freiburg i. Ue.

Abgesehen von den Stellungnahmen zum Kommunismus findet man nur einzelne spärliche Andeutungen in den päpstlichen sozialen Enzykliken (vor allem in „Quadragesimo anno"), aus denen man auf die Wirtschaftsordnung schließen könnte. Vom Gesichtspunkt der Gerechtigkeit aus steht darin naturgemäß die Verteilung im Vordergrund. Wie zur Erstellung dessen, was gerecht zu verteilen ist, gewirtschaftet werden muß, ist vordringlich ein Problem des Sachverstandes — jedoch nicht einzig: denn auch dem Sachverstand sind gewisse weltanschaulich bedingte Prämissen vorgeordnet. Den päpstlichen Verlautbarungen geht es nicht um ökonomische Produktivität als solche, sondern vielmehr um die *menschlichen Rechte*, die vor der Produktivitätsfrage zu berücksichtigen sind (wie z. B. das Recht auf Eigentum, das Recht des Arbeiters auf menschliche Arbeitsbedingungen usw.). Die Unternehmertätigkeit kommt in den sozialen Enzykliken zu kurz. Einzig in den päpstlichen Ansprachen an einzelne Wirtschaftsverbände, besonders in denen von *Pius XII.*, wird von den Unternehmern und ihren Aufgaben gesprochen. Doch auch hier wird über die Wirtschaftsordnung als solche nicht diskutiert.

Es stellt sich darum die Frage, ob die Katholische Soziallehre überhaupt in der Lage sei, etwas zum Problem der Wirtschaftsordnung beizutragen. Zur Beantwortung dieser Frage ist der logische Gang zu verfolgen, der von der Offenbarung zur Katholischen Soziallehre führt, und zu untersuchen, welche Aussagen der Katholischen Soziallehre auf die Wirtschaftsordnung hinweisen.

A. Das Gesetz der Liebe in der Offenbarung

Wie *Anton Burghardt* mit Recht erklärte, lassen sich aus dem Neuen Testament nur Verhaltensmodelle im Sinn der *Individualethik* ablesen. Daran ist nichts Verwunderliches. Das Christentum ist eine Heilslehre für die Ewigkeit. Im Sinn des ewigen Heils hat jeder in der Gesellschaft, in der er sich befindet, zu wirken. Die ersten Christen dachten nicht an eine Systemveränderung der römischen Herrschaft. Sie bemühten sich, durch *exemplarische Liebe* den Mitmenschen zu dienen und ihnen zu beweisen, daß der Gott der Liebe sich geoffenbart hat. Die Nächstenliebe allein ist k e i n soziales Strukturprinzip. Wohl aber kann sie bestehende Strukturen *verändern.* Wird sie in idealer Weise von allen ernst genommen, dann erübrigt sich die Frage nach strenger Aufteilung der materiellen Güter.

In diesem Sinn praktizierte die erste christliche Gemeinde von Jerusalem die durch *Christus* aufgetragene Nächstenliebe (allerdings mit wirtschaftlichem Mißerfolg). Die christlichen Idealisten heute sind überzeugt, daß die christliche Liebe alle Schwierigkeiten im gesellschaftlichen Zusammenleben zu überwinden vermag und auch tatsächlich überwinden wird, wenn sie nur ins Werk gesetzt wird. Die Transformation herkömmlicher sozialer Strukturen ist unter diesen Umständen eine unter dem Diktat der Liebe und des gegenseitigen Verständnisses leicht zu lösende Sachfrage.

B. Die Gerechtigkeit als Prinzip gegenseitiger Beziehungen

Anders sieht die Sache aus, wenn man nicht von der Liebe, sondern von der *Gerechtigkeit* ausgeht. Die Liebe soll zwar nicht ausgeschaltet werden, sie bleibt selbstverständlich eine nicht zu entbehrende Verhaltensweise. Aber sie ist nicht mehr das Prinzip gegenseitiger Beziehungen. Dieses ist vielmehr die Gerechtigkeit. Zwar mag in der rein individuellen Motivierung die Gerechtigkeit von der Liebe diktiert sein. Objektiv aber ist die Gerechtigkeit gekennzeichnet durch klare *Trennung von Subjekt zu Subjekt.* Hierin liegt das typische Merkmal sozialethischer Normierung. Nicht j e d e Gesellschaft kann in dieser Weise geregelt werden. Für die *Familie* wird oberstes Ordnungsprinzip die Liebe bleiben müssen, von der aus dann die Gerechtigkeitsforderungen respektiert werden. Für die *Großgesellschaft,* in der es mehr auf die äußere, kontrollierbare Ordnung ankommt, ist die Gerechtigkeit Grundgesetz des gegenseitigen Verhältnisses der Gesellschaftsglieder.

Wir sprechen heute von den *Grund- oder Menschenrechten.* In der Katalogisierung dieser Rechte mögen wir die Überzeugung hegen, sie seien ein Erzeugnis der Neuzeit. Sachlich war aber die Soziallehre der Kirche von jeher von diesen Grundrechten inspiriert. *Papst Eugen IV.* (1431 - 1447) hat in seinen beiden Bullen „Creator omnium“ (13. 1. 1433) und „Dudum Nostras“ (13. 1. 1435) die gewaltsame Aussiedlung mit strengsten Maßnahmen bestraft. *Papst Paul III.* (1534 - 1549) hat in seiner Bulle „Veritas ipsa“ (2. 6. 1537) erklärt, der Mensch sei nicht wie ein geistloses Tier zu behandeln, man dürfe ihn der Freiheit und der persönlichen Verfügungsgewalt über seinen Besitz nicht berauben, er müsse vielmehr in rechtmäßiger Unangefochtenheit sich Eigentum erwerben und sich dessen in Freiheit erfreuen dürfen[1].

Anton Burghardt sieht in der *Transformation individualethischer in sozialethische Motivation* (die — wie gesagt — durch die Gerechtigkeit gekennzeichnet ist) den eigenen Gehalt der Katholischen Soziallehre. In der Tat sind mit den vom kirchlichen Lehramt aufgestellten Gerechtigkeitsforderungen Normen angegeben, die deutlich auf die zu erstellende Ordnung in Gesellschaft und Wirtschaft hinweisen: Recht aller auf Existenz und Lebenssicherung, auf Teilnahme am wirtschaftlichen Prozeß, auf Eigentum und Vermögensbildung, auf freie Koalition, Beseitigung der Klassengegensätze, Integration der Entwicklungsländer in die Weltwirtschaft usw. Alle diese Normen sind angesprochen im Zusammenhang mit jeweils konkreten sozialen Problemen. Ihr substantieller Kern ist darum meistens in geschichtlich bedingte Formulierungen gekleidet. Immerhin läßt sich dieser Kern ermitteln und auf diese Weise eine allgemeingültige Ordnungsidee entwickeln. Im Grunde stammen sie alle aus dem christlichen Menschenbild. Insofern kann man *Oswald von Nell-Breuning* Recht geben, daß sich die Katholische Soziallehre auf einen Fingernagel schreiben ließe[2]. Sie ist aber dennoch m e h r als nur das. Denn die aus dem Menschenbild abgeleiteten Ordnungsprinzipien sind nicht dem subjektiven Empfinden einzelner Autoren anheimgegeben, sondern sind als *rationale Folgerungen* aus dem *Menschenbild* abgeleitet. Die päpstlichen Verlautbarungen implizieren die Lehre von der rationalen Anwendung von Offenbarungsinhalten auf die weltliche Situation. Daraus ergibt sich immerhin mehr als nur das, was sich auf einen Fingernagel schreiben läßt. Dieser Gedanke ist wichtig in der Frage nach der Wirtschaftsordnung im Sinn der Katholischen Soziallehre.

Allerdings reicht diese rationale Auswertung des christlichen Menschenbildes nicht bis in konkrete wirtschaftspolitische Anweisungen. Mit ihrer Hilfe kann man mit Sicherheit *nur* gewisse *Mißstände signalisieren*, nicht jedoch die Maßnahmen zu ihrer Behebung angeben. Man braucht darum die in „Mater et magistra“ (Nr. 123 - 149) angeführten Förderungsmaßnahmen zugunsten der Agrarwirtschaft nicht zur Substanz der Katholischen Soziallehre zu rechnen. Sie dürfen sorglos dem Hammer der Fachwissenschaft anheimfallen. Dies tut der Katholischen Soziallehre keinen Abtrag.

C. Von den Sozialprinzipien in die Wirtschaftsordnung

Die Wirtschaftswissenschaft hat alle Schwierigkeiten, die einzelnen Wirtschaftssysteme definitorisch zu unterscheiden. Die Unterscheidung zwischen zentral geplanter und Wettbewerbswirtschaft scheint die Wirklichkeit nicht zu treffen. Denn auch die Wettbewerbswirtschaft braucht eine gewisse Planung — und wäre es nur in Form von Datensetzung im Sinn der Sozialen Marktwirtschaft. In reiner Form existiert weder die zentral geplante Wirtschaft noch die freie Wettbewerbswirtschaft. Andererseits wird erklärt — und zwar nicht nur von Vertretern der zentral geplanten Wirtschaft —, daß auch in der zentral geplanten Wirtschaft echter Wettbewerb bestehe. *Oswald von Nell-Breuning* schreibt, daß in der Hochleistungsgesellschaft, „gleichviel ob kapitalistischer oder kommunistischer Prägung" die Unternehmen miteinander im Wettkampf liegen. „Vielleicht erregt es Verwunderung, daß ich hier Wirtschaft kapitalistischer und kommunistischer Prägung nebeneinander stelle. Ist es nicht einer der fundamentalen Unterschiede zwischen kapitalistischer und kommunistischer Wirtschaft, daß erstere den Wettbewerb zur Grundlage hat, letztere dagegen den Plan und eben damit den Wettbewerb ausschließt? Meines Erachtens ist das ein *Fehlurteil;* wenn man Überspitzungen liebt, könnte man vielleicht sogar das Gegenteil behaupten: in der kapitalistischen Wirtschaft besteht eine immanente Tendenz, den Wettbewerb auszuschalten; der Wettbewerb neigt dazu, sich selbst umzubringen; in der kommunistischen Wirtschaft macht sich immer dringender das Bedürfnis geltend, den Wettbewerb soviel wie möglich zu verstärken, der allerdings als ‚sozialistischer Wettbewerb' etwas anders aussehen soll als der Wettbewerb in der kapitalistischen Wirtschaft, aber immerhin: Wettbewerb um den wirtschaftlichen Erfolg[3]."

Oswald von Nell-Breuning sieht das Gemeinsame im Wettbewerb in dem Bestreben der Unternehmer (seien diese nun Eigentümer oder Manager, letztere in einer kommunistischen oder kapitalistischen Wirtschaft) im Kampf um den besseren *Erfolg*. Nicht das Einkommen, das höchstens als Statussymbol, nicht aber als Stimulus gelten könne, sondern „der Erfolg des Unternehmens als solchen, sein Wachstum, sein Marktanteil, gegebenenfalls seine Marktherrschaft, sein Einfluß im Raum von Wirtschaft" sei der eigentliche Ansporn jedes Unternehmers in der Großindustrie, hier und drüben[4]. *Oswald von Nell-Breuning* gibt allerdings die Möglichkeit zu, daß „in einer Gesellschaft von Eigentümer-Unternehmern, in der die Gewinne ihnen selbst als den Eigentümern zufallen, ... auch der Profit als solcher ein wirksamer Ansporn zum Wettbewerb" sei[5]. Er spricht wörtlich von „kann". Grundsätzlich ist er aber der Überzeugung, daß dieser Erwerbsstimulus *nicht systemsignifikant ist,* d. h. nicht den Kern des Wettbewerbssystems ausmacht. Damit ist auch das private Eigentum an Produktionsmitteln als Unterscheidungsmerkmal aus dem Wettbewerbsbegriff verschwunden. *Oswald von Nell-Breuning* steht aber — dies muß besonders betont werden — trotz allem zum Privateigentumsrecht. Doch scheint mir (!), daß sein Mitbestimmungsmodell im Grunde zum eigentumsfreien Unternehmen führt. Der sonst sehr liberal eingestellte *Erich Streißler* sagt ausdrücklich, die Marktwirtschaft funktioniere ebenso gut ohne den Produktionsmitteleigentümer wie mit ihm[6].

Die Marktwirtschaft ohne private Produktionsmitteleigentümer braucht nicht notwendigerweise eine kollektivistische Wirtschaft (im Sinn des Staatskapitalismus) zu sein. Es gibt zu dem privaten Eigentümern gehörenden Unternehmen verschiedene Alternativen der Unternehmensform, vor allem z. B. die *Selbstverwaltungskörperschaften* als Stiftungen, in denen sich die Wirtschaftenden nicht als Eigentümer oder Miteigentümer bezeichnen, sondern nur als Träger von Dispositionsgewalt fungieren können. Analog könnte man an die internationalen Gewässer denken, die allen zur Verfügung stehen und über die gemeinsam disponiert wird.

Die eigentumsfreie Wirtschaft wird ebenfalls von westlichen *Neomarxisten* vertreten. Diese versuchen, aufbauend auf der *Marxschen* Negation des privaten Eigentums an Produktionsmitteln, eine demokratisch verwaltete Wirtschaft zu konzipieren, die sich nach ihrer Meinung wesentlich von der Wirtschaft sowjetischen Typs unterscheiden soll. In diesem Sinne äußerten sich etwa *Rudolf Hickel, Rolf Grauhan* und vor allem *Ota Šik,* ebenso die Eurokommunisten[7].

Die Rechtfertigung der Vorstellung einer bezüglich der Produktionsmittel eigentumsfreien Wirtschaft bedarf des Nachweises, daß diese Wirtschaft den tiefsten Strebungen des wirtschaftlich tätigen Menschen gerecht wird, so daß eine solche Wirtschaft im wahren Sinn als *human* bezeichnet zu werden verdient. *Oswald von Nell-Breuning* hat, wie erwähnt, als tiefsten Leistungstrieb eines Menschen in einem Unternehmen das Streben nach Erfolg des Unternehmens angegeben, während er im Einkommenserwerb nur ein sekundäres Motiv, ein „Statussymbol", sah. Die marxistischen Theoretiker sind der gleichen Ansicht. Diese Bemerkung soll nicht etwa eine Kritik an der Äußerung *Nell-Breunings* sein. Im Gegenteil! Was *Oswald von Nell-Breuning* und die Marxisten hervorheben, ist gerade das, was die liberalen Verteidiger des Wettbewerbs blind übergangen haben, nämlich die Tatsache, daß der normale Mensch nicht tätig sein kann, um nur Profit zu machen, daß er vielmehr etwas *leisten* und diese seine Leistung *sozial* im Wettbewerb *gewertet* wissen will. Der reine Preiswettbewerb ist, wie *Nell-Breuning* richtig beurteilt, ein Unding, etwas Inhumanes. Die liberalen Vertreter des „Wettbewerbs ohne Eigentümer" stützen sich auf die Ideologie des reinen Preiswettbewerbs und begreifen in der Folge den Unternehmer nur noch als Profiteur. Unter diesem Betracht (d. h. von der Begründung der eigentumsfreien Wettbewerbswirtschaft her) verdient darum die marxistische Interpretation des Leistungsstimulus alle Hochachtung. Hier spürt man noch etwas von der engen Berührung von Wirtschaft und Gesellschaft, während die liberale Erklärung den Wirtschaftenden nur noch als Börsenmakler und Geldzähler versteht.

Dennoch müssen wir uns fragen, ob das Produktionsmitteleigentum für den Wettbewerb eine solch untergeordnete, auf den Nullpunkt herabgesunkene Bedeutung hat. Ist mit dem Hinweis auf den Unternehmenserfolg die Tiefe des im Wettbewerb sich abspielenden Wirtschaftens wirklich ausgeschöpft? Wirkt bei all dem nicht ein noch tiefer verwurzelter Stimulus, nämlich der des Erwerbes oder zumindest ein Erfolgsstreben, das in letzter Analyse mit dem Eigentum verknüpft ist?

Zur Lösung dieser Fragen kann die Katholische Soziallehre etwas beitragen. Das *Recht auf Eigentum* wird in allen Enzykliken als ein *Recht der Person* betrachtet. In der Enzyklika „Rerum novarum" scheint vielleicht das Produktionsmitteleigentum nicht *expressis verbis* begründet zu sein, da die Verteidigung des Privateigentums im wesentlichen auf die Existenzsicherung von Person und Familie abgestellt ist. Dennoch wird das Produktionsmitteleigentum (allerdings mehr auf den landwirtschaftlichen Betrieb im Hinblick auf die Abwehr des Agrarsozialismus bezogen) impliziert.

Die folgenden Enzykliken supponieren deutlich das private Recht auf Produktionsmitteleigentum, so z. B. vor allem „Quadragesimo anno", wo der Arbeitsvertrag, der das Produktionsmitteleigentum voraussetzt, als in sich gerechtfertigt verteidigt wird. Auch die Befürwortung der Mitbestimmung des Arbeitnehmers in „Mater et magistra" (ob diese im Unternehmensbereich oder überbetrieblich interpretiert wird, spielt hier keine Rolle) setzt das private Eigentumsrecht an Produktionsmitteln voraus.

Macht man mit dem Personverständnis der Katholischen Soziallehre ernst, dann führt ein *logischer Weg* zum privaten *Recht auf Produktionsmittel.* Dieser logische Weg führt einerseits über die philosophische Interpretation des in der Soziallehre wesentlich beschlossenen Personbegriffs und andererseits über die empirische Erklärung der Verhaltensweise des Menschen im Umgang mit den materiellen Gütern.

D. Der Personbegriff der katholischen Soziallehre

Es ist zwar nachgewiesen, daß die Enzyklika „Rerum novarum" von der liberalen Naturrechtslehre mit ihrer individualistisch geprägten Auffassung der subjektiven Rechte beeinflußt ist. Diese Beeinflussung berührt aber nur die Vorbereitung des Textes durch die von *Leo XIII.* beauftragten Bearbeiter des Textes. Gegenüber dem Sozialismus wollte *Leo XIII.* die Person mit ihren in ihrer ewigen Berufung verwurzelten Rechten hervorheben. Nach christlicher Auffassung sind die *vorstaatlichen Rechte der Person* in der Transzendenz begründet. Obwohl dem Gemeinwohl verpflichtet, bleibt die Person der staatlichen Macht gegenüber, die nicht minder dem Gemeinwohl verpflichtet ist, ein *eigener Rechtsträger.* Insofern konnte die Enzyklika die Konzeption der subjektiven Rechte aus der rationalistischen Naturrechtslehre übernehmen. Sie hat sie übrigens entsprechend der christlichen Tradition durch den Vorbehalt des Gemeinwohls moderiert.

Das der autoritären Instanz vorgelagerte persönliche Initiativrecht konnte feierlicher nicht zum Ausdruck kommen als durch das in „Quadragesimo anno" proklamierte *„gravissimum principium"* der *Subsidiarität.*

Man könnte natürlich einwenden, daß in einer von der Basis her durchorganisierten Wirtschaftsdemokratie das Subsidiaritätsprinzip auch ohne persönliches Eigentumsrecht wirksam sei. Das stimmt aber nur scheinbar, denn die demokratische Ordnung ist durch das Mehrheitsprinzip charakterisiert. Die einzelne Person unterliegt also, *unter Umständen* höchst *entfremdet,* der Mehrheit. Das ist aber n i c h t der Sinn der sozialen Verpflichtung der Person, daß sie auf dem Weg über das Wahl- und Stimmrecht sich grundsätzlich der Mehrheit unterwirft. Das Mehrheitsprinzip ist nur dort eine Lösung, wo durch die personal verantwortete Gemeinwohlkonzeption im Gewirr der Meinungen durch den Dialog kein Konsens zustande käme, darum eine autoritative Entscheidung notwendig wird. Das Mehrheitsvotum ist nichts anderes als ein *pluralistisch gefärbtes Kleid der Autorität,* ohne die keine Gesellschaft auszukommen vermag. Das Mehrheitsprinzip ist aber keineswegs identisch mit dem Subsidiaritätsprinzip.

Die Person muß trotz ihrer Verpflichtung, sich im letzten Entscheid der Autorität unterzuordnen, einen Raum haben, in dem sie ihre *Unabhängigkeit bewahren* kann. Denn grundsätzlich ist die Autorität, auch die der Mehrheit, *kein Garant* der Entscheidung im Sinn *der Wahrheit.* Das war doch der *tiefere Grund,* warum *Leo XIII.* und mit ihm die folgenden Päpste so eindringlich auf dem *subjektiven Recht auf Eigentum* beharrten. Hier eine Abtrennung des Produktionsmitteleigentums vom Konsummitteleigentum vorzunehmen, wäre willkürlich. Das Produktionsmitteleigentum mag hinsichtlich der Dispositionsgewalt stärkeren sozialen Einschränkungen unterliegen als das Konsummitteleigentum. In der Substanz kann man aber das *Produktionsmitteleigentum* samt seinem inhärenten Dispositionsrecht *nicht außer Kurs setzen*, ohne *die Person* aus dem System der Wirtschaft *zu eliminieren*. Soweit die philosophische Erörterung des Personbegriffes im Hinblick auf die Wirtschaft.

E. Die empirische Erklärung

Vom empirischen Standpunkt geht es um die Interpretation der *natürlichen menschlichen Strebungen* im Hinblick auf die Nutzung der materiellen Güterwelt. Ist wirklich das Streben nach *wirtschaftlichem Erfolg* das Grundstreben, durch das für alle Zeit die ertragreichste Ausbeute der materiellen Ressourcen garantiert ist? Wer beurteilt in einem Unternehmen den Erfolg? Man könnte antworten, dies sei die Konkurrenz. Aber gehen wir doch einmal der eigentumslosen Wirtschaftsgesellschaft, wie man sie sich vorstellt, nach. Erfolg kann nur gemessen werden an der Verwirklichung eines Zieles. Auch die Gesamtwirtschaft, nicht also nur das einzelne Unternehmen, muß *ein Ziel* haben. *Wer* bestimmt dieses umfassende Ziel in einer eigentumsfreien Wirtschaftsgesellschaft?

Die Antwort im neomarxistischen Sinn kann nur lauten: die demokratisch organisierte Gesellschaft. Wie steht es aber mit dem Leistungsstimulus jener Wirtschaftssubjekte, die sich durch die demokratische Zielrichtung frustriert fühlen? Man wird antworten, dies sei das Einkommen, das aus der personalen Leistung bezogen wird. Aber da haben wir bereits die logische Verbiegung: es ist also auf einmal n i c h t mehr das Streben nach einem möglichst hohen Ertrag, sondern das höchst individuelle Interesse am *Eigentumserwerb* — so eingeschränkt in der kommunistischen Gesellschaft dieses Eigentum auch sein mag (nämlich auf den Konsumsektor beschränkt). Das Streben nach einem möglichst hohen Ertrag des Unternehmens wird, wie man leicht sieht, *erzwungen*, indem man dem weniger Leistenden den Brotkorb höher hängt.

Über die *Selbstverwaltungskörperschaften* ist viel geschrieben worden, pro und contra. Eine Wirtschaft, welche das Produktionsmitteleigentum ausschließt, kann nur dann als Wirtschaft von Selbstverwaltungskörperschaften verstanden werden, wenn sie sich nicht mit der sowjetischen Wirtschaft identifizieren will. Und wer diese Form der Wirtschaft verteidigt, der muß nachweisen, daß das *Grundstreben* des wirtschaftenden Menschen (ob als Manager oder als Arbeiter) in erster

Linie und zutiefst dem *Ertrag des Unternehmens* gilt; und zwar *auch* in jenem Unternehmen, das in eine solche Wirtschaftspolitik eingebettet ist, der sich eine einzelne Person *zuinnerst widersetzt*, weil sie unter Umständen durch eine durch Massenmedien verhetzte Mehrheit einem personal nicht mehr zu verantwortenden Ziel dient (z. B. Eroberungspolitik). Eine an der Personwürde orientierte Wirtschaft muß darum den Raum für persönlich verantwortete und auch mit persönlichem Risiko getragene Unternehmensentscheidungen frei lassen. Dies impliziert aber notwendigerweise die Anerkennung des Produktionsmitteleigentums.

Damit ist nicht gesagt, daß nun sämtliche Unternehmen dieses *kapitalistische Gepräge* haben müßten, d. h. daß es ein anderer ist, der das Kapital einsetzt und die Investitionen bestimmt, und ein anderer, der die Arbeit in Dienst gibt. Es ist durchaus auch möglich, daß Arbeiter in Form der *Genossenschaft* (also als am Eigentum der Produktionsmittel Beteiligte) das Unternehmen führen. Und es ist auch möglich, daß Arbeiter in einem nach dem Modell der *Stiftung* organisierten Unternehmen tätig sind, wo sie keinerlei Eigentum, wohl aber *Dispositionsrechte* haben. Und es ist auch nicht ausgeschlossen, daß Arbeitnehmer in einem Unternehmen der erstgenannten Form, in dem sie keinerlei Eigentumsrechte besitzen, sondern lediglich im Arbeitsvertrag stehen, *unternehmerische Mitbestimmung* haben, diese sogar unter gewissen Bedingungen *beanspruchen* können.

Eine Wettbewerbswirtschaft, die solche Unternehmen, in denen der *Eigenunternehmer* sein eigenes oder durch Kreditaufnahme besorgtes Kapital einsetzt und mit eigenem Risiko die Investitionen bestimmt, als unwesentliche Elemente an den Rand spült, ist wohl modellartig vorstellbar, aber unwirklich. Denn gerade diese privat geführten Unternehmen sind geeignet, den bestehenden und vielleicht bereits stagnierenden *Wettbewerb zu beleben*. Aus diesem Grund behalten auch die „kapitalistisch" geführten Kapitalgesellschaften ihren regulativen Wert in der Wirtschaft. Daß die Kapitalbesitzer in diesen Großgesellschaften bezüglich ihrer Dispositionsgewalt gewissen Restriktionen unterliegen müssen, ist kein Argument gegen ihre grundsätzliche Bedeutung für den Wettbewerb.

Die von *O. v. Nell-Breuning* geäußerte Ansicht, daß es sowohl dem Arbeiter wie dem Kapitalbesitzer zunächst um den Erfolg des Unternehmens, nicht um das Einkommen geht, *übersieht*, daß der *erste Stimulus*, warum der Mensch überhaupt arbeitet, der *Existenztrieb*, also das Streben ist, *für sich selbst etwas zu erwerben*. In diesem Streben nach Eigentumserwerb steht naturgemäß der Mensch in einer arbeitsteiligen Wirtschaftsgesellschaft in der Konkurrenz. Erst auf diesem

Niveau tritt dann das Streben zutage, in vordringlicher Hinsicht auf den Erfolg des Unternehmens zu achten; dies aber nur unter der Bedingung, daß einmal das *persönliche Einkommen* in seiner Ganzheit vom *Ertrag des Unternehmens abhängt,* zum andern aber der im Unternehmen Tätige *an das Unternehmen gebunden* ist; oder daß der Arbeiter (vorab der Manager) bereits auf einem Einkommensniveau steht, das ihm erlaubt, mehr auf das Erfolgsprestige als auf zusätzliches Einkommen erpicht zu sein. Wie tief das Interesse am Erwerb ist, läßt sich an den jugoslawischen Selbstverwaltungskörperschaften ablesen, in denen der Ertrag eines Unternehmens dadurch in Frage gestellt wird, daß die Genossen mehr zu Einkommenszwecken entnehmen, als dem Unternehmen zuträglich ist.

Papst Leo XIII. schrieb in seiner Enzyklika „Rerum novarum" (Nr. 14), man solle den Menschen *(res humanas)* nehmen, *wie er* nun einmal *ist.* Gewisse unabänderliche Umstände müssen — wenigstens so lange sie unabänderlich sind — hingenommen werden. So bedauerlich es vielleicht vom ethischen Standpunkt aus sein mag: das *Eigeninteresse* ist nun einmal für den Menschen des *Nächstliegende.* Ethisch beurteilt, müßte das Gemeinwohl obenan stehen; in ihm sollte der einzelne seine vollmenschliche Integration finden. Aber der Mensch weiß aus seinem eigenen Werterleben, daß der Hang zu dem, was dem *Eigeninteresse* dient, *stärker ist* als das *Pflichtgefühl dem Gemeinwohl* gegenüber. Den Menschen *umschulen* zu wollen, daß er direkt das Gemeinwohl sucht und erst durch dieses sein Eigenwohl, wäre ein *utopisches Unterfangen.* Selbst der sittlich Strebsame wird den Hang zum Eigeninteresse nicht austilgen, er kann ihn höchstens in stetem Bemühen in Ordnung halten. Diese empirische Feststellung bestätigt die Lehre von den Folgen der Erbsünde. Diesen erbsündigen Menschen muß man nehmen, wie er nun einmal ist. Der Versuch, die soziale Ordnung auf rein *sittlichen Forderungen* zu begründen ohne Blick auf das tatsächliche Verhalten des Menschen, ist zum *Scheitern verurteilt.* Da das Streben nach dem Eigenwohl nichts Unsittliches oder sittlich Minderwertiges ist (solange das Gemeinwohl nicht gefährdet ist), wird man es, um eine sichere, stabile Ordnung des Gemeinwesens zu erzielen, so in Dienst nehmen, daß es dem Gesamtinteresse nutzbar wird. Auf die Wirtschaft angewandt, heißt dies: *das Erwerbsstreben in Gang setzen und im Sinn der allgemeinen Wohlfahrt ordnen.*

Wie nun das Erwerbsstreben und somit das Eigentum im Sinn der besten Nutzung der materiellen Güterwelt zum Nutzen aller mobilisiert werden soll, ist eine jeweils nach den sozialen Gegebenheiten zu lösende Frage. Man wird in einem armen Volk, das zudem noch keine wirtschaftliche Begabung besitzt, kaum mit einem Wettbewerbssystem zum Ziel gelangen. Der wirtschaftliche Wettbewerb, wie wir ihn in der Industriegesellschaft kennen, setzt einen hohen Lebensstandard und ein entsprechendes kulturelles Niveau voraus. Der wirtschaftliche Wettbewerb kann *verschiedene Formen* annehmen.

So wenig man unsere Demokratie in jedwedes staatlich geeinte Volk importieren kann, ebenso wenig vermag man die Konkurrenzwirtschaft der Industrieländer von heute auf morgen in ein Entwicklungsland zu verpflanzen. Man kann darum nicht sagen, die *Wettbewerbswirtschaft* sei das Wirtschaftssystem der Katholischen Soziallehre. Man darf aber wohl ohne Zögern sagen, daß entsprechend dem Menschenbild der Katholischen Soziallehre die *Kultivierung des individuellen Erwerbsstrebens* als Stimulus der Wertschöpfung den Weg zu einer humanen Wirtschaftsordnung bereitet. In welcher Art und Weise des Erwerbsstreben organisiert wird, ist dann eine Frage des an der konkreten Erfahrung geschulten Sachverstandes.

---

[1] Siehe *Arthur Utz und Brigitta von Galen (Hrsg.):* Die katholische Sozialdoktrin in ihrer geschichtlichen Entfaltung. Eine Sammlung päpstlicher Dokumente vom 15. Jahrhundert bis in die Gegenwart (Originaltexte mit Übersetzung), Aachen (Scientia Humana Institut) 1976, Nr. III 1, Bd. I, S. 381.

[2] *Oswald von Nell-Breuning:* Wie sozial ist die Kirche? Leistungen und Versagen der katholischen Soziallehre. Düsseldorf (Patmos) 1972, S. 86.

[3] *Oswald von Nell-Breuning:* Formen und Deutungen der Wettbewerbsgesellschaft, in: Stimmen der Zeit, Bd. 188 (1971), S. 380.

[4] *Oswald von Nell-Breuning:* Formen und Deutungen der Wettbewerbsgesellschaft, a.a.O., S. 381.

[5] *Oswald von Nell-Breuning:* Formen und Deutungen der Wettbewerbsgesellschaft, a.a.O., S. 381.

[6] *Erich Streißler:* Gefahren für das Eigentum, in: Die politische Meinung, Bd. 14 (1969), S. 63.

[7] Siehe hierzu *Arthur Utz:* Zwischen Neoliberalismus und Neomarxismus. Die Philosophie des Dritten Weges. Kronberg (Hanstein) 1975, insbes. S. 70 ff. Ebenso: Die marxistische Wirtschaftsphilosophie, Bonn (WBV — H. Weiskirch-Verlag) 1982, S. 176 ff.

ZUR INTERNATIONALEN WIRTSCHAFTSORDNUNG

Von Alois Brusatti, Wien

A. Aufgabenstellung

Die Aufgabe dieses Beitrages soll eine Überprüfung sein, in welchen Bereichen der Wirtschaftspolitik von verschiedenen Ländern und Regionen die Katholische Soziallehre eine ordnende Dominanz besitzt, oder zumindest die ökonomische Politik beeinflussen kann. Da die Gesellschafts- und Wirtschaftspolitik in der Welt „naturgemäß" unterschiedliche Formen des politischen Lebens in Gesellschaft und Wirtschaft hatte entstehen lassen, sind *pauschale Urteile* zur Weltwirtschaftsordnung gar *nicht* möglich.

In der vorliegenden Betrachtung muß man zunächst jene Regionen und Länder der Welt beiseite lassen, in denen Einflüsse der Katholischen Soziallehre grundsätzlich *unmöglich* oder kaum durchsetzbar sind. Dazu zählen zunächst jene Staaten und Wirtschaftsgemeinschaften, die von einem kommunistisch-totalitären Regime geprägt sind; an sich wäre es reizvoll, auch hier zu prüfen, ob (selbstverständlich abgesehen vom Sonderfall Polen oder Ungarn) nicht auch dort gewisse Elemente der Gesellschaftspolitik, wie sie die Katholische Soziallehre oder eine kirchliche Tradition ausgeprägt hat, aufzuspüren sind. Dennoch sollten diese Länder außerhalb der Betrachtung bleiben, genau wie Staaten, die von vornherein eine differenziert andere religiöse Grundeinstellung haben, etwa jene Länder, in denen der Islam dominierendes Element ist.

Schwieriger ist die Situation in der fast nicht überschaubaren Vielfalt der sogenannten *Entwicklungsländer* zu überprüfen. So sind, um ein Beispiel anzuführen, in Indien Versuche einer nach europäischem Muster ausgebauten Genossenschaftsorganisation vorhanden, die Elemente des Solidarismusgedanken in sich tragen. Sehr diffizil ist, um eine andere Weltregion zu überprüfen, der Einfluß verschiedener europäischer Geistesrichtungen in den „schwarz-afrikanischen" Staaten. Gerade in diesem Weltteil haben die von Europa stammenden Wertvorstellungen, oft sehr materialistischer Natur, tiefreichende Auswirkungen verursacht, weil alte Gesellschaftsstrukturen, die vorwiegend auf Stammesverbänden aufbauen, zerstört wurden. Allerdings haben die Einflüsse der europäischen Gesellschafts- und Staatsordnung, wie sie durch die Kolonialmächte vermittelt wurden, in vielen Fällen erst ein geordnetes politisches Leben ermöglicht, in denen wieder viele Ideologien europäischer Mentalität eingeflossen sind. Als weiteren Sonderfall sind die lateinamerikanischen Staaten zu betrachten. Da hier die Einflußsphäre amerikanisch-europäischen Geistes besonders wirksam war und sich derzeit noch verstärkt (wenn auch mit unterschiedlichen Folgen) soll versucht werden, diese Ländergruppen später gesondert zu beurteilen.

B. Die Katholische Soziallehre als Bestandteil der Wirtschaftspolitik

Im Bereich der „westlichen Länder" ist die Tradition der Katholischen Soziallehre überall, selbst in überwiegend protestantischen Ländern, spürbar. Als Ergebnis des Zweiten Weltkrieges und vor allem des Beginns des „kalten Krieges" entstand der „Westen" als eigener politischer Ordnungsfaktor. Diese Bezeichnung ist nicht nur ein geographischer Begriff, sondern, überraschend für viele, entwickelte sich der Westen immer stärker als eine *Einheit,* die dennoch eine *große Vielfalt* zuläßt.

Die Frage nach der Einheit der westlichen Welt läßt sich allerdings schwer mit einem einzigen Begriff umschreiben. Der Osten sucht zu simplifizieren und unterstellt dem Westen die Dominanz des alles beherrschenden Kapitalismus als einziges Kennzeichen. Dieses Schlagwort, dessen Schwergewicht aus dem Fundus des 19. Jahrhunderts herüberragt, ist heute nur noch in eingeschränktem Sinn zu gebrauchen, insofern als das Kapital nicht nur als einer der Produktionsfaktoren, sondern als Faktor zum Aufbau der Gesellschaftsordnung durchaus anerkannt ist. Aber damit ist nur ein Teil des Begriffs „Westen", nicht einmal ein wesentlicher, erfaßt.

Von entscheidender Bedeutung ist das Streben nach *freier Entfaltung der Persönlichkeit* und der Möglichkeit, seine politische Meinung aussprechen zu können. Dieses grundsätzliche Bekenntnis zur individuellen Freiheit ist jene überall verspürbare Gemeinsamkeit des Westens, in der vor allem der Gegensatz zum Osten deutlich zutage tritt, der das Kollektiv im Denken und Handeln *über* die Freiheit des Einzelmenschen setzt.

Die auf dem Individualismus aufbauende Industriegesellschaft des Westens drang nach 1945 weitgehend vor und vermochte die Reste einer feudalen und die Traditionen der bürgerlichen Ordnung, aber auch die „Klassengesellschaft“ selbst zu überwinden. Diese Gesellschaftsordnung der westlichen Staaten ist allerdings durch einen besonderen Individualismus gekennzeichnet, da jeder einzelne, ohne besondere Rücksicht auf Herkunft und Erziehung, in der gesellschaftlichen Hierarchie dort eingestuft wird, wohin ihn der *Erfolg in Beruf* und Politik stellt, wobei Ausbildung und auch politische Meinung mitwirken.

Diese einheitliche sozioökonomische Politik des Westens läßt sich auf das uralte (allerdings nur in Freiheit mögliche) polare Spannungsfeld zurückführen: *Freiheit* des Einzelmenschen oder *Sicherheit* in kollektiver Ordnung. Zwar kommen die beiden Situationen als Extremform im freien Westen in der politischen Praxis nie echt zum Tragen, da sich die individualistische Richtung in Form des Liberalismus des 19. Jahrhunderts durch ihr Versagen in gesellschaftlicher Hinsicht genauso wie die zweite Extremform (kollektive Sicherheit) als mit der Entfaltung der persönlichen Freiheit unvereinbar erwiesen haben. Daher ergaben sich für den Westen in der Wirtschaftspolitik einige *besondere Formen,* die die Freiheit im Prinzip unangetastet lassen, im Wesen aber mehr der einen oder der anderen Grundtendenz zuneigen. Die Sicherung der Freiheitsrechte des einzelnen, die Wahrung der Chancengleichheit in Bildung und Beruf, der Anspruch auf soziale Sicherheit, die Frage „gerechter“ Einkommensverteilung sind Ansprüche, die in der gesamten westlichen Welt verankert sind, aber unterschiedlich gewichtet werden. Im wesentlichen kristallisieren sich drei wirtschaftspolitische Verhaltensweisen heraus:

1. Interventionistischer Liberalismus,
2. Soziale Marktwirtschaft,
3. Sozialdemokratischer Wohlfahrtsstaat.

I. Der „Westen“ und die Katholische Soziallehre

Alle drei angegebenen wirtschaftspolitischen Richtungen haben trotz Differenziertheit manches gemeinsam. Es sollen aber die drei westlichen Richtungen nur hinsichtlich ihrer Haltung gegenüber der Katholischen Soziallehre untersucht werden. Eines ist trotz vieler Mängelerscheinungen gemeinsam: die *Verpflichtung* aller Wirtschaftstreibenden, sowohl als Arbeitgeber wie auch als Arbeitnehmer, zu einem *ethischen Handeln.* Obwohl es banal klingen mag, ist diese Haltung doch *neu:* denn bis zur Durchsetzung einer solchen Moral hatten die Anschauungen des 19. Jahrhunderts einseitig dominiert. Sowohl der Sozialismus, der in der Arbeit nur eine Last sah und als vorantreibendes Mittel nur den *Klassenkampf* kannte, wie auch auf der anderen

Seite jene primitiv liberale, individualistische Auffassung eines *Utilitarismus* mit dem Schlagwort „gut ist, was mir nützt", ließen ethische Werte, wie sie die christliche Moral zum Ausgangspunkt hatte, nicht aufkommen.

An sich ist es bezeichnend, daß erst in der Enzyklika „Rerum novarum" neben den beiden des 19. Jahrhunderts dominierenden Anschauungen (Sozialismus, Liberalismus) *andere Prinzipien des Zusammenlebens* in der Industriegesellschaft aufscheinen. Im 19. Jahrhundert gab es daneben auch traditionelle Wertvorstellungen, z. B. die „Bürgertugenden", die in manchen Erscheinungsformen der christlichen Weltordnung entsprechen; sie sollen hier unbeachtet bleiben, da sie keine fernwirkende Kraft hatten.

Man hat aber den christlichen Konfessionen, nicht zuletzt der katholischen Kirche, vorgeworfen, daß sie mit ihren Auffassungen *zu spät* gekommen wären; so sei es nicht gelungen, die immer größer werdenden Arbeiterschichten für sich zu erfassen. Das stimmt nur bedingt. Wohl entstand die Enzyklika von 1891 zwei Generationen nach dem kommunistischen Manifest von 1848. Demgegenüber ist festzustellen, daß sie für die *zweite Hälfte des 20. Jahrhunderts* die Wirtschaftspolitik *stärker bestimmt,* als dies im 19. Jahrhundert dem Liberalismus oder dem Sozialismus geglückt war. Diese an sich selten ausgesprochene Auffassung gilt es zu beweisen.

Es ist festgestellt worden, daß die drei oben genannten wirtschaftspolitischen Formen die Wirtschaftspolitik der westlichen Welt bestimmen. In *jeder* dieser Formen sind Elemente der Katholischen Soziallehre vorhanden. Am *stärksten* in der *Sozialen Marktwirtschaft;* einige ihrer Autoren (Müller-Armack, Pütz, Einaudi) berufen sich direkt oder zumindest durch Zitierungen auf die päpstliche Lehre. Wesentlich ist aber, daß in der Praxis der Sozialen Marktwirtschaft der *Subsidiaritätsgedanke* fest verankert ist. Die Betonung der Familie als sittlicher und wirtschaftlicher Wert, der Wert der kleinen Gruppe, und die Ablehnung jeglicher Monopolbildung (auch die des Staates) sind Kennzeichen einer solchen Politik. Nicht nur die Soziale Marktwirtschaft in der Bundesrepublik Deutschland, sondern auch in vielen Ländern der europäischen Gemeinschaft, in Österreich und der Schweiz, ist die vielfache Beziehung zur Katholischen Soziallehre relativ gut feststellbar.

Schwieriger ist ein auf der Katholischen Soziallehre aufbauendes Prinzip in jenen Ländern nachzuweisen, in denen ein überkommener Liberalismus dominiert, z. B. USA, Japan und mit Einschränkung auch Frankreich. In jedem Staat, der sich betont liberal-individualistisch gibt, müssen neben dem absoluten Bekenntnis zur freien Wirtschaft auch Ordnungsbegriffe feststellbar sein, die fast durchwegs von einer anderen Wertvorstellung herangeholt werden müssen. So ist in der Sozialpolitik dieser Länder, trotz zentralistischer Gegenbewegung, ein Prinzip verankert, nach dem die *kleinen Gruppen* im Sinn des Subsidiaritätsprinzips, organisatorisch wie materiell, *Vorrang haben.* Sehr wichtig ist in diesen Ländern, besonders in den USA, die Betonung der *Solidarität.* Solidarität bedeutet an sich eine gegenseitige Verpflichtung und Abhängigkeit, die sich in staatsunabhängigen Gruppierungen abspielt. An sich muß man bedenken, daß viele solcher staatsfernen, aber für die soziale Position wichtigen Gruppen, von Protestantismus geprägt waren (etwa Quäker, Heilsarmee); nach Beendigung von konfessionellen Querelen sind solche Gedanken bei katholischen Gruppen auf positives Echo gestoßen. Oft hat es den Anschein, daß sich eine einheitliche christliche Auffassung in diesen Ländern weniger in formaler Sozialpolitik, sondern in gesellschaftlichen Freiräumen bewegt. Insofern kann man beweisen, daß Gedanken, die in der katholischen Sozialpolitik vorhanden sind, in diesen gesellschaftspolitischen Formen zum beachtlichen Teil verwirklicht zu sehen sind.

Selbstverständlich haben zur hohen Bewertung vor allem der Subsidiarität auch *Erfahrungen des politischen Alltags,* z. T. auch andere *weltanschauliche Theorien,* etwa der Universalismus, beigetragen. Aber durch den Einfluß christlich orientierter Parteien sind manche der zum ersten Mal in Enzykliken und anderen Dokumenten ausgesprochenen Theorien verwirklicht worden. Schwieriger ist schon der Nachweis, daß alle in der Wirtschaft stehenden Gruppen zu einem Handeln beeinflußt wurden, die nicht allein im Gewinnstreben und in der individualistischen Macht das entsprechende Ziel sehen, sondern in der *Verantwortung gegenüber dem Mitmenschen,* sei es Kunden, Geschäftsfreunden oder Mitarbeitern.

Die schwindende Kraft von zum Teil nurmehr als Relikt zu wertende Begriffe, vor allem des Klassenkampfes, wurden nicht nur durch den fortschreitenden Industrialisierungsprozeß, durch die veränderten Methoden in Produktion und Dienstleistungsbetrieben, sondern auch durch *andere Wertvorstellungen,* zu denen im wesentlichen die Katholische Soziallehre beigetragen hat, veranlaßt. Dieser Trend *weg vom Klassenkampf* (der heute nurmehr eine verkrampfte Parole darstellt) zu einem universellen Denken, ist ein Kennzeichen der Zeit, der sich selbst der geistig noch im 19. Jahrhundert wurzelnde, marxistisch orientierte Sozialismus kaum entziehen kann. Im gesellschaftspolitischen Bereich machte allerdings der Sozialismus den Wandel vom marxistischen zum demokratischen, beziehungsweise humanitären Sozialismus durch. Dieses Eingeständnis zu einer anderen, auch den *Pluralismus der Meinun-*

gen anerkennende Haltung hat manche Berührungspunkte mit der christlichen Sozialauffassung; doch muß festgehalten werden, daß er sich grundsätzlich unterscheidet. Im Prinzip bleibt der Sozialismus *materialistisch orientiert* und steht infolge seines diesseits orientierten Existenzialismus somit jeder durch religiöse Prinzipien bestimmten Haltung verständnislos gegenüber. So ergeben sich eben nur in der politischen Praxis Berührungspunkte oder Annäherungen, z. B. in der Familienpolitik oder in Fragen der Ökologie. Aber selbst in dieser Hinsicht hat man den Eindruck, daß sich der sozialistisch geprägte Wohlfahrtstaat nicht der *überlegenen Stärke* christlich-sozialer Motive entziehen konnte.

Trotz der unleugbaren Erfolge der Katholischen Soziallehre ist man sich in der Öffentlichkeit kaum über ihren wesentlichen Einfluß bewußt. Dieses Fehlurteil stammt aus zum Teil sehr unterschiedlichen Aspekten: Dazu zählt zunächst die auch in allen weltanschaulichen Gruppen, vor allem im demokratischen Sozialismus, festzustellende *Tendenz* zum Pragmatismus, *zur Verflachung* der geistigen Auseinandersetzung (was nichts mit der zum Teil verkrampften Ideologisierung zu tun hat). Diese Nivellierung des geistigen Prozesses hängt auch mit der *Fixierung der Wählerschichten* zusammen, so der kleinbürgerlichen und bäuerlichen Gesellschaftsgruppierung mit den sogenannten christlichen Parteien, die sich gerne als Vorkämpfer der katholischen bzw. der christlichen Soziallehre empfinden.

Die andere große Hoffnung, die sich an Vorschläge der christlichen, vorwiegend der katholischen Arbeitnehmerbewegung nach 1945 geknüpft haben (und das sich so mundgerecht mit dem Schlagwort „Eigentum in Arbeiterhand" verkauft hat), ist zum Teil *gescheitert*, was sich besonders in der französischen Nachkriegsgeschichte deutlich dargestellt hat. Ferners ist auch der als so hoch gepriesene *Genossenschaftsidealismus* den dominierenden durchschlagskräftigen kapitalistischen Geschäftsformen unterlegen, bzw. hat er sich (nanchmal gerne) den letztgenannten Praktiken angepaßt. Heute — das muß ganz offen ausgesprochen werden — sind die großen Wohnbau-, Konsum- oder sonstigen Genossenschaften ausgezeichnet funktionierende *Kapitalgesellschaften* geworden, die meist *anonym* bleibenden Eigentümern gehören. Ihre Führung haben gut *geschulte Funktionäre* übernommen, deren weltanschauliche Position kaum mehr durchschaubar ist. Dieses Schicksal haben übrigens auch die sozialistischen Genossenschaften oder die „gemeinwirtschaftlichen" (was immer man darunter zu verstehen vermag) gehabt.

Eine weitere Abgleitfläche einer von der Katholischen Soziallehre abgeleiteten Ideologie stellt der *Syndikalismus* dar. Darunter versteht man eine dem Staat mißtrauisch gegenüberstehende, in Extremformen sogar anarchistische Gesellschaftspolitik, in der historischen Realität aber mehr einen *Betriebssozialismus.* In diesem Punkt trifft sich dieser Syndikalismus mit der von manchen christlich orientierten Seiten propagierten Betriebsdemokratie, d. h. einer dem Werksgenossenschaftsprinzip ähnlichen Haltung. In den marktorientierten Ländern *zerbrachen* alle solche, mit meist naiver Begeisterung initiierten Unternehmensordnungen an der Dynamik der Marktwirtschaft und an der Realität der notwendigen Betriebshierarchie.

Was bleibt demnach als weltweites Programm der Durchsetzbarkeit der Leitsätze der Katholischen Soziallehre? Im Westen das sich immer mehr durchsetzende *Prinzip der Subsidiarität:* hier reicht sie bereits über die Analyse hinaus und ist (manchmal verschleiert unter bürokratischen Aspekten) Realität; in vielen Fällen vorerst natürlich auch erst Programm. Hier wäre der Wunsch nach einer klaren Stellungnahme anzumelden, zumal sich manche Passagen der Enzykliken zu sehr an italienischen oder lateinamerikanischen Verhältnissen orientiert haben.

II. Ein lateinamerikanisches Beispiel

Aber auch in den Entwicklungsländern zeigt sich das Verständnis für den Subsidiaritätsgedanken. So in den *„Basisgemeinden"* Lateinamerikas, die dort eintreten, wo politische Parteien, Kommunalverwaltungen, meist auch Gewerkschaften nicht imstande waren, einen funktionsfähigen Rahmen für die Sozial- und Wirtschaftsangelegenheiten bereit zu stellen. Die Initiative ging von einzelnen Angehörigen der katholischen Kirche, sowohl Priester wie Laien, und von Zusammenkünften in kleineren Gruppen aus. Aus der bloßen Diskussionsrunde bzw. aus Besprechungen kleinerer Aufgaben erstand — zwar nicht immer — eine Art *Selbstversorgungssystem,* das sich als wesentlich *dezentrales Modell* mit gesellschaftspolitischer Wirkung entwickelte. Während oft ähnliche, meist auf dem Genossenschaftsprinzip kommende Versuche scheiterten, breitete sich dieser nur aus dem Subsidiaritätsprinzip und aufgrund der einheitlichen weltanschaulichen Basis herrührende Gedanke überraschend schnell aus. Binnen eines Jahrzehnts gibt es in Lateinamerika 200 000, in Afrika rund 10 000 solcher Basisgemeinden und dieses Modell hat bereits Anfangserfolge auch anderswo, vor allem auf den Philippinen.

Als Lehre aus dem bisher Gesagten kann folgende Überlegung gewonnen werden: In gesellschaftspolitischer Sicht hat sich aus dem Bereich der Katholischen Soziallehre der *Subsidiaritätsgedanke* am deutlichsten als besonders erfolgreich erwiesen. Nun gibt es, wie auch schon erwähnt, solche subsidiäre Ansätze im Bereich der kommunistischen Welt — sie scheiterten alle an der für den totalitären Bereich charakteristischen zentralistischen Verwaltungswirtschaft, die einfach selbstentscheidende kleine Gruppen nicht dulden kann. Auch im liberalen Bereich, also im europäischen Westen oder in den USA, gibt es solche subsidiäre Entwicklungen, die dort, wo sie Tradition besitzen (etwa in der anglo-amerikanischen Verwaltung) sich durchaus bewähren. Dort wo man „subsidiär" wirtschaften will, etwa bei Genossenschaften oder Stiftungen, wurden sehr bald Formen der kapitalistischen Welt sichtbar, die auch brauchbar erschienen. Nur geht die Tendenz zu immer größeren Unternehmungen („Multis", Großbetriebe der verstaatlichten Wirtschaft), während kleinere, überschaubare Einheiten geschluckt wurden; die Folge ist ein unübersichtlich gewordener zentralistischer Bürokratismus.

Gegen beide Extreme der Wirtschaftspolitik, die letztlich zu einem *unmenschlich werdenden Zentralismus* und Bürokratismus wuchern, wurde der Subsidiaritätsgedanke bewußt (etwa in der sozialen Marktwirtschaft) oder unbewußt (in dem Modell der Basisgemeinde) eingebracht. In diesen überschaubaren Formen kann sich auch der Einzelmensch am besten entfalten und zu einer Welt gelangen, die ihm auch wirklich lebenswert erscheinen mag.

•

ZUR BETRIEBSORDNUNG

Von Gertraude Mikl-Horke, Wien

A. Der Betrieb als soziales Gebilde

„Als eine unter außerfamiliären und im Kern ökonomischen Aspekten organisierte Kooperation von Menschen mit Menschen hat der Betrieb den Charakter einer Sekundärgruppe, einer künstlichen (organisierten) Gruppe, deren Eigenheit es ist, daß sie in ihren kooperativen Interaktionen an von einem Unternehmen vorgegebenen Betriebszielen orientiert ist[1]." In dieser Weise definiert *Anton Burghardt* den Betrieb als soziales Gebilde; dementsprechend gibt es drei Dimensionen betrieblicher sozialer Interaktionen und Kommunikationen: einmal die auf Grund des Charakters des Betriebes als eines Zweckgebildes vorgegebene Positions- und Funktionsordnung, zum anderen die zwischenmenschlichen Beziehungen, die sich am Arbeitsplatz zwischen den kooperierenden Menschen entwickeln, und schließlich die Beziehungen zwischen Arbeitgeber und Arbeitnehmern, die im deutschsprachigen Bereich mit dem Begriff der „Mitbestimmung" verbunden sind. Die Betriebssoziologie verwendet verschiedene Ansätze, um die soziale Wirklichkeit des Betriebes zu erfassen, wobei allerdings die Mitbestimmung relativ wenig Berücksichtigung findet.

I. Der Betrieb als strukturell-funktional gegliedertes System

Die Betriebsziele werden konkretisiert zu Aufgabenbereichen, die zueinander in bestimmten Beziehungen stehen und eine Position in der betrieblichen Organisation zugewiesen erhalten. Diese Positionen sind im „organizational blueprint" enthalten, d. h. bevor der Betrieb noch mit Menschen bevölkert ist. Die Menschen treten auf Grund bestimmter Auswahlkriterien und -verfahren in diese Positionen ein und werden zu Positionsträgern.

Die betrieblichen Positionen haben eine vertikale oder Rangdimension und eine horizontale oder Funktionsdimension. Die Person, die in eine bestimmte Position eintritt, wird daher in vorbestimmte Beziehungen zu anderen Personen gebracht. Diese anderen Personen, die komplementären Positionsträger, haben bestimmte Erwartungen an die

Person in ihrer Position in bezug auf ihr Verhalten. Diese Erwartungen sind stark institutionalisiert und festgelegt, allerdings unterschiedlich stark je nach dem Ausmaß der betrieblichen Dynamik. Mit der Position erwirbt die Person also auch eine Reihe von mehr oder weniger starren Verhaltensverpflichtungen. Diese sind allerdings reziprok, da die Positionen des Betriebes aufeinander bezogen sind.

Die Erwartungen, die an eine Person in einer Position gerichtet werden, sind die Rolle, welche die Person in ihrem Verhalten spielen soll. Die Erwartungen stimmen allerdings so gut wie niemals mit dem tatsächlichen Rollenverhalten der Person überein, da erstens die Erwartungen sehr oft nicht präzise und widerspruchsfrei sind, und zweitens jeder Mensch seine Rolle in einer höchstpersönlichen Art und Weise spielt, er verpersönlicht sie. Der Spielraum, der ihm dabei zur Verfügung steht, ist unterschiedlich groß je nach dem Rang der Position, der Einbindung in einen programmierten Arbeitsablauf und der Toleranz der Vorgesetzten.

Auch seine eigene Fähigkeit und Bereitschaft zur Rollenanpassung kann natürlich unterschiedlich ausgeprägt sein je nach seiner Einstellung zur Arbeit, zum Beruf im allgemeinen, zum Betrieb, zu seinen Vorgesetzten und Kollegen und seiner Motivation. Auch die anderen Rollen, die er außerhalb des Betriebes innehat, wirken auf das Rollenverhalten in der betrieblichen Funktion zurück und umgekehrt, so etwa die Rolle in der Familie. Hier kann es auch zu Rollenkonflikten und zu Rollenüberlastung kommen, einmal wenn die Erwartungen aus diesen verschiedenen Rollen nicht kompatibel sind, und zum anderen, wenn die Erwartungen das Leistungsvermögen der Person übersteigen.

Zu Rollenkonflikten kann es auch im Betrieb kommen, da die Erwartungen, die aus der betrieblichen sozialen Umwelt kommen, nicht homogen sind. So sind die Erwartungen von Vorgesetzten, von Kollegen und von Untergebenen grundsätzlich verschieden. Die Position verbindet sich mit einer gewissen Kompetenz und Autorität, welche einmal auf Sachwissen, zum anderen auf Amtsautorität und mitunter auch auf Persönlichkeitsmerkmalen und Verhaltensweisen gegründet sein kann. Autorität zeichnet sich durch den Konsens der Beteiligten darüber aus, wer wem gegenüber in welchen Belangen Gehorsam fordern darf. Macht hingegen kommt ohne diesen Konsens aus, sie aktualisiert sich in der jeweiligen Situation. Personen in bestimmten Positionen wird darüber hinaus eine soziale Wertschätzung zuerkannt; sie sind mehr oder weniger angesehen, weil sie eine bestimmte Position innehaben. Dieses Ansehen manifestiert sich im Betrieb und außerhalb des Betriebes.

Dieser Ansatz der Betriebssoziologie, der von den Positionen ausgeht, leistet eine Beschreibung des „offiziellen“ Aspekts des Betriebsgeschehens. Er trägt der Tatsache allerdings wenig Rechnung, daß im Betrieb Menschen mit Gefühlen, Wünschen und Bedürfnissen zusammenkommen.

II. Informelle soziale Beziehungen im Betrieb

Der auf den Hawthorne-Untersuchungen von *Elton Mayo* und anderen aufbauende Human Relations-Ansatz schenkt den über die rein funktionalen Aspekte der Arbeit im Betrieb hinausgehenden Beziehungselementen zwischen den Menschen Beachtung. Durch die Arbeitstätigkeit müssen die Menschen im Betrieb kooperieren, was über die Arbeitserfordernisse hinausgehende emotionale Bewertungen mit sich bringt. Auf diese Weise entstehen Sympathiebeziehungen zwischen mehreren Individuen, die zu Gruppen werden können, besonders dann, wenn sie in Konkurrenz oder Gegensatz zu anderen Personen oder Gruppen im Betrieb stehen. Diese informellen sozialen Beziehungen können unterschiedliche Auswirkungen auf die Leistung der Arbeitnehmer haben. Es kann etwa zu einer Aufspaltung der Führungsrolle zwischen dem formellen Vorgesetzten und dem informellen Führer kommen.

Die informellen Gruppen entwickeln auch eine Struktur und verteilte Rollen, die mit den formellen kompatibel, aber durchaus auch widersprüchlich sein können. Die informelle Gruppe hat auch ihre eigenen Normen, die sich zwar unter dem Einfluß der formellen Normen wie Arbeitsordnung, Arbeitsorganisation, Leistungssoll, etc. herausgebildet haben, aber von letzteren differieren können. So haben Arbeiter im allgemeinen auf Grund ihrer sozialen Beziehungen genaue gemeinsame Vorstellungen davon, was „a fair day's work“ und was „fair pay“ darstellt.

Das Verhältnis der informellen sozialen Beziehungen zu den formellen Gegebenheiten des Betriebes läßt sich auch als „Betriebsklima“ bezeichnen. Seine Bedeutung darf nicht unterschätzt werden, aber seine Erfassung oder gar Beeinflussung sind überaus schwierig. *Mayo* wurde des öfteren vorgeworfen, er setze ein allzu großes Harmoniedenken voraus, da seine Auffassung die Bedeutung der „Gefühlsgemeinschaft“ für ein konfliktarmes Betriebsleben sehr stark betont. In bezug auf die Motivation der Arbeitnehmer wird *Mayo* und der Human Relations-Schule vorgeworfen, daß die ökonomischen Aspekte unterbewertet werden. In dieser Hinsicht folgen die humanistischen Betriebspsychologen wie *Maslow* und *Herzberg* dem Vorbild *Mayos*.

Nicht der einzelne Arbeitnehmer ist Gegenstand der Human-Relations-Betrachtung, sondern die Gruppe bzw. die Wechselwirkungen zwischen Individuen innerhalb einer Organisation. Von diesem Ansatz führt eine direkte Verbindung zur modernen Organisationssoziologie. Die Zugehörigkeit der Arbeitnehmer zu einer gesellschaftlichen Großgruppe wurde mentalistisch mit Hilfe der Begriffe „Bewußtsein" und „Einstellung" behandelt. Einstellungen von Arbeitnehmern zu Arbeit und Beruf sowie das Arbeiterbewußtsein bildeten den Gegenstand von Untersuchungen. Die vom Londoner *Tavistock-Institut* entwickelten Ansätze berücksichtigen die Tatsache, daß die Arbeitenden ihre Arbeitssituation definieren. Diese subjektiven Definitionen basieren jedoch auf an den Arbeitsplatz „mitgebrachten" Einstellungen, die außerhalb des Betriebes geformt worden sind. Die ständige Auseinandersetzung des Arbeitenden mit seiner Arbeit und seiner Arbeitsumwelt und die daraus resultierende Sinnbildung haben hingegen noch relativ geringe Beachtung gefunden. Der Betriebssoziologie schwebt ein einseitig passives Menschenbild vor, da sie unkritisch die gedanklichen Voraussetzungen der Arbeit in unserer Gesellschaft übernimmt, die den Menschen als Produktionsfaktor und seine Arbeitskraft als Ware behandeln.

Aus diesem Grund ist die Betriebssoziologie wenig auf den tatsächlichen Erlebnis- und Erfahrungsprozeß der einzelnen Arbeitnehmer im Zuge ihrer Eingliederung in das betriebliche Geschehen eingegangen, aber gleichermaßen wenig auch auf alle Dinge, die von außen, also von der Gesellschaft her, auf den Betrieb einwirken — mit Ausnahme ökonomischer Einflüsse. Der Betrieb wird als nur-ökonomisch offenes System gesehen, ansonsten als ein weitgehend geschlossener Mikrokosmos verstanden; das gilt vor allem für soziale Einflüsse. Daher wurde der Betrieb in der Soziologie auch nicht als Ort des Zusammenwirkens sozialer Gruppen gesehen, und die Auswirkungen der Mitbestimmung nur über die Diskussion der Rolle von Betriebsrat und Arbeitsdirektor erfaßt, also an eine Position festgemacht.

B. Die Ordnung der sozialen Beziehungen im Betrieb

I. Betriebsziele und soziale Werte

Die Betriebssoziologie hinterfragt die Betriebsziele nicht, sondern setzt sie voraus. Sie tut dies, um nicht über die Grundlagen unserer Gesellschaftsordnung diskutieren zu müssen. Die bestehende Gesellschaftsordnung nimmt sie als Rahmen, innerhalb dessen sie Fragen stellen kann, über den selbst aber nicht gesprochen wird. Die Problematik der Gesellschaftsordnung wird als Werturteil, außerhalb der Wissenschaft angesiedelt, gesehen. Hinter der Besorgnis um die Wissenschaftlichkeit verbirgt sich allerdings oft ein verdecktes Interesse an der Erhaltung der bestehenden Ordnung der Dinge. Auf der anderen Seite ging die Kritische Theorie der *Frankfurter Schule* von der Infragestellung der Gesellschaftsordnung aus. Sie sah die Aufgabe der Soziologie (mithin auch der Betriebssoziologie) darin, das kritische Gewissen der Gesellschaft zu sein. Die Kritik entbehrte allerdings des Kriteriums, nachdem auch die sozialistischen Gesellschaftsordnungen als leuchtendes Vorbild weggefallen waren. Übrig blieb das Streben nach einer „rationalen" Gesellschaftsordnung auf emanzipatorischen Grundlagen und damit das Versanden der Kritischen Theorie in einer allgemeinen Kulturkritik der kapitalistischen Gesellschaften des Westens.

Zweierlei zeigt das oben Gesagte. Einmal, daß die Frage der Betriebsordnung nicht zu trennen ist von der der Gesellschaftsordnung, wobei aber nicht notwendig die Gesellschaftsordnung als das primär zu Gestaltende angesehen werden muß. Vielmehr kann auch über die Ordnung der sozialen Beziehungen im Betrieb die Gesellschaftsordnung modifiziert werden; und das ist auch der Weg, den die westlichen Gesellschaften in ihrer politischen Gestaltungsaufgabe eingeschlagen haben. Zum anderen zeigt sich, daß die Frage der Betriebsordnung nicht ohne einen expliziten Wertbezug behandelt werden kann.

II. Die Entwicklung des Ordnungsdenkens

Auf die gesamte Entwicklung des Ordnungsdenkens kann hier natürlich nicht eingegangen werden, doch sollen in aller Kürze einige Schlaglichter darauf geworfen werden. Seinen Anfang nahm im abendländischen Denken der Ordnungsbegriff im mittelalterlichen ORDO-Verständnis, wie es von *Augustinus, Albertus Magnus* und *Thomas von Aquin* vertreten wurde. Ordnung ist hier „das Mittel, wodurch alles, was Gott in die Welt gesetzt hat, getan wird". Als späte Nachfolger dieser Ordo-Konzeption kann man einmal die französische Physiokratie des 18. Jh. und den Ordoliberalismus im Deutschland des 20. Jh. bezeichnen. Dabei wurde allerdings die Ordnungsvorstellung ihres mystischen Gehalts entkleidet und wurde mehr und mehr gleichbedeutend mit einem den aristotelischen Ideen verwandten Denken in Ordnungszusammenhängen.

Dieses Denken wieder ist nicht nur als säkularisierte Ordo-Konzeption zu verstehen, sondern hat sich auf der Grundlage ganz konkreter gesellschaftlicher Strukturveränderungen herausgebildet. So entspricht die neoliberale Ordnungsvorstellung den Grundbedingungen dessen, was auch als „organisierter Kapitalismus" bezeichnet wird. Nicht mehr die hierarchische, Diesseits und Jenseits verbindende Ordnung des Mittelalters, sondern die säkulare Ordnung horizontal einander gegenüberstehender und einander ergänzender Interessengruppierungen prägt den Inhalt dieser Ordnungsvorstellung. Ordnung wird gleichbedeutend mit Regelung der Beziehungen zwischen den großen sozialen Gruppierungen in der Gesellschaft. Diese Ordnungsvorstellung hat auch die betriebliche Ordnung beeinflußt, wenngleich hier das hierarchische Denken trotz aller sozialpolitischen Institutionalisierungen einer Betriebsverfassung noch stark vorherrscht.

III. Mitbestimmung und Betriebsordnung

„In allen Varianten der Interpretation der Mitbestimmung soll diese zu einer Form der Mit-Führung der betrieblichen (wenn nicht unternehmerischen) Geschäfte seitens der Arbeitnehmer auf Grund der von ihnen abgeschlossenen Arbeitsverträge werden, denen ... ein Recht auf Mitbestimmung gleichsam inkorporiert ist. Dadurch entsteht ein sogenanntes Con-Dominium, eine Herrschaft zur Gesamten Hand, die vom Dominium der klassischen Alleinherrschaft des Eigentümers des Unternehmens, zu unterscheiden ist[2]." Diese weitreichende Definition von Mitbestimmung findet allerdings kaum eine Entsprechung in den in den einzelnen Ländern auffindbaren Formen der Mitbestimmung, „codetermination", „cogestion", „participation", „industrial democracy", etc., die soferne sie überhaupt institutionalisiert sind (wie etwa in der BRD und in Österreich), keineswegs als Mit-Führung bezeichnet werden können, sondern eher als eine Kontrolle durch die Arbeitnehmerseite. Kontrollfunktion und Schutzfunktion stehen im Vordergrund.

Viel besser scheint daher die Definition der Mitbestimmung im weiteren Sinn auf die reale Situation zu passen, wonach Mitbestimmung jede Art der Einflußnahme von Arbeitnehmern auf Entscheidungen im Rahmen betrieblicher Interaktionen bedeutet. Diese kann sich beziehen auf eine durchlässige, in allen Entscheidungsgremien des Unternehmens vollziehbare paritätische Mitbestimmung, eine paritätische Mitbestimmung in einzelnen Entscheidungsgremien, eine Mitbestimmung beschränkt auf den Personalbereich, eine den Arbeitgeber majorisierende Form der Mitbestimmung und eine Mitbestimmung mit minoritärer Stellung der Arbeitnehmer. Von negativer Mitbestimmung spricht man dann, wenn die Arbeitnehmer selbst keine Möglichkeit der Mitwirkung bei Entscheidungen haben, aber Beschlüsse durch Anrufung bestimmter Stellen (Einigungsamt) berichtigen oder aufheben lassen können.

Die Mitbestimmung kann sich auf Betriebsebene, auf Unternehmensebene, auf Ebene des Arbeitsplatzes und auf überbetrieblicher Ebene abspielen. „Durch eine institutionalisierte Mitbestimmung wird (formell erzwingbar) der Annahme Rechnung getragen, daß sich Arbeitgeber und Arbeitnehmer durch einen Arbeitsvertrag nicht allein in einem kontraktlichen Reziprozitätsverhältnis befinden, sondern eine Dispositionsgemeinschaft sind, deren Angehörige durch die objektivierenden Medien der Betriebsziele und der korrespondierenden Betriebsmittel auf Vertragdauer miteinander verbunden sind[3]." Die ontologische Basis der Mitbestimmung ist der Arbeitnehmer-Arbeitgeber-Konflikt, der sich aus dem Interessengegensatz beider Parteien in Hinblick auf den arbeitsteiligen Prozeß und die Verteilung des Mehrwerts ergibt.

Durch die Mitbestimmung soll eine soziotypische Betriebsverfassung an die Stelle der monotypischen treten, bei welcher der Arbeitgeber allein entscheidungsbefugt und verantwortlich ist. Bei der soziotypischen Betriebsverfassung sind alle im Betrieb Beschäftigten grundsätzlich aber nur gemeinsam entscheidungsbefugt. Bezüglich der Verantwortlichkeit der Arbeitnehmer ist die Situation nicht so klar, da die Art und Weise der Mit-Verantwortung nicht eindeutig ist. Allerdings ist das Argument der Mitbestimmungsgegner, daß der Unternehmer mit seinem Kapital haftet, der Arbeitnehmer aber kein Risiko habe, allzu durchsichtig und jeder realen Berechtigung entbehrend, da es nur zu oft genau umgekehrt ist, daß der Unternehmer sich und sein Vermögen sehr wohl gesichert hat, aber die Arbeitnehmer das Risiko des Verlustes des Arbeitsplatzes und damit ihres Einkommens voll tragen müssen.

C. Betriebsordnung, Mitbestimmung und Humanisierung der Arbeitswelt

I. Katholische Soziallehre und Betriebsordnung

Die Katholische Soziallehre geht von bestimmten Wertbezügen aus, die im wesentlichen aus dem Dekalog erschlossen werden. Als normative Wissenschaft verstanden bedeutet das, daß von allgemeinen Sätzen, die sich an einem raumzeitlich nicht eingebundenen Sozialen orientieren, von universellen Moral-Sätzen ausgegangen wird. Diese enthalten universelle Konstanten, die aber eine Adaptation auf das jeweils historisch Gegebene erlauben. Aus diesem Grund lassen sich aus der Katholischen Soziallehre auch nicht direkt sozialmoralische Verhaltensregeln ableiten. „Unabhängig vom Bestand einer verhaltensegalisierenden

KSL wird nur davon ausgegangen, daß auch der einzelne Mensch vermöge seiner Vernunft in der Lage ist, die in der Offenbarung angelegten Wahrheiten selbst zu erkennen und situationskonform zu praktizieren[4]."

In ihren variablen Elementen verändert sich die Katholische Soziallehre je nach den historisch-gesellschaftlichen Zuständen und muß daher einem „aggiornamento" zugeführt werden. So sind nicht alle Aussagen der als Reaktion auf die Mißstände des frühen Kapitalismus konzipierten Enzykliken auf die heutige Situation übertragbar.

Zu den Konstanten zählt *Anton Burghardt* vor allem die Forderung nach Sicherung oder Herstellung des Gemeinwohles bei Nutzung der Erdengüter mittels eines Gemeingebrauchsprinzips; sodann das Subsidiaritätsprinzip; das Solidaritätsprinzip und das Gerechtigkeitspostulat.

Charakteristisch für die Ordnungsvorstellung der Katholischen Soziallehre ist auch die Orientierung am Einzelnen bzw. an der Familie und nicht an Gruppen und Gruppierungen. Das bedeutet allerdings nicht einen liberalistischen Individualismus, sondern daß die KSL ihre Sorge und ihre Hoffnung in den konkreten einzelnen Menschen und nicht in mehr oder weniger konstruierten Sozialgebilden sieht. Die Katholische Soziallehre stellt eine Transformation von Individual- in Sozialmodelle dar, hält aber dennoch an den prinzipiell individuellen Verhaltensmodellen des Evangeliums fest. *Anton Burghardt* versteht die KSL aber auch als eine realistische Vorstellung, wenn er meint: „Der Ausgang der KSL ist m. E. von ihrem Ursprung her nicht das primäre Naturrecht, die ‚wahre menschliche Ordnung' eines status naturae integrae, sondern das sekundäre Naturrecht, ein status naturae lapsae, in dem Herrschaft bestehen und auf Strafsanktionen bis Gewalt beruhen muß, also die Einrichtung des Staates vorhanden ist und disziplinierend wirkt. Wenn auch kritisch an einer Menschheit nach dem Sündenfall orientiert, ist die KSL jedoch keine negative Soziallehre ..., sondern versteht nach meinem Dafürhalten die in ihr angelegte Kritik lediglich als ein Instrument zur praxisnahen Darstellung ihrer Aussagen[5]."

Aus dem Gesagten können einige Schlüsse für eine Betriebsordnung auf der Grundlage der Katholischen Soziallehre gezogen werden.

(1) Personalität. Im Mittelpunkt steht der einzelne im Betrieb arbeitende Mensch als Person, die in einen Sozialverband hineingestellt ist. Nicht einseitig die Interessen oder Bedürfnisse des einzelnen in einem egoistischen Sinn sind das Anliegen, sondern das Personwerden und

-sein des einzelnen. Dieses ist allerdings nur möglich, wenn den Konstanten der KSL Rechnung getragen wird.

(2) Gemeinwohl. Das Gemeinwohl darf nicht identifiziert werden mit dem Wohl des Unternehmers noch mit dem der Stärkeren, es beschränkt sich auch nicht auf die im Betrieb Arbeitenden, sondern greift darüber hinaus auf das gesellschaftliche Gemeinwohl und schließlich das Gemeinwohl der Menschheit.

(3) Subsidiarität. Man könnte daraus eine Forderung nach Abschaffung der auf Größe hin orientierten Verflechtungen von Kapital, Produktion und Absatz und eine Ablehnung von Macht-Konzentration und Bürokratisierung ablesen, aber auch die Forderung nach Selbstbestimmung und weitgehende Autonomie der einzelnen Arbeitenden.

(4) Solidarität. Alle Forderungen nach Eigenbestimmung und Freiheit finden ihre Grenzen durch die auf Grund der sozialen Natur des Menschen gebotenen Solidarität. Trotz aller Interessengegensätze der sozialen Gruppen im Betrieb sollen die einzelnen Arbeitenden miteinander und nicht gegeneinander arbeiten, und das bedeutet über die formal erforderliche Kooperation hinaus gegenseitige Hilfe und Unterstützung.

(5) Gerechtigkeit. Darunter kann man eine ausgleichende, eine soziale, eine gesetzliche und eine austeilende Gerechtigkeit verstehen. Leichter faßbar als Gerechtigkeit ist in realen Situationen auftretende Ungerechtigkeit, wobei darunter entweder ein Abweichen von einem absoluten Gerechtigkeitsideal oder die Interpretation der Betroffenen verstanden werden kann. Die KSL geht von der Annahme einer objektiven, absoluten Gerechtigkeit aus, die aber die Grenzen unserer Vernunft übersteigen kann.

Die Katholische Soziallehre gibt, wie sich aus dieser knappen Darstellung bereits erhellen dürfte, keine konkreten Anhaltspunkte oder Verhaltensregeln für eine Betriebsordnung im Sinne der Katholischen Soziallehre. Man mißversteht ihre Rolle, wenn man von ihr verlangt, detaillierte Pläne für konkrete Ordnungen zu erstellen. Sie kann nur als Gebot gelten, nicht als Maßstab für die Überprüfung und Messung realer Zustände an Skalen der Gerechtigkeit, der Solidarität, etc. Wichtiger ist vielmehr, daß die Katholische Soziallehre feststellt, was alles von verschiedenen Seiten auf die christliche Religion, auf Evangelium und Offenbarung zurückgeführt bzw. legitimiert wird, in diesen Quellen jedoch überhaupt nicht enthalten ist. Hierzu schreibt *Anton Burghardt:* „Die wohl bedenklichste Vermengung von christlichen Ideen mit ökonomischem Interesse besteht in der Region des Eigentums (an Produktionsmitteln) und hat eine als christlich deklarierte Eigentumsideologie entstehen lassen, ... In der christlichen Offenbarung findet sich kein Hinweis darauf, daß bestimmten Personen vorweg Positionen in der Gesellschaft auf Grund behaupteter charismatischer Eigenschaften zustehen, die zudem auch noch Privilegien bei der Einkommenszurechnung begründen, also die Zumessung arbeitslosen Einkommens rechtfertigen sollen. ... Das Herr-Knecht-Denken so vieler Christen ist wahrscheinlich eine Form des Sozial-Manichäismus, der jenem des orthodoxen Marxismus nicht unähnlich ist, dessen Zweiklassentheorie auf der Annahme begründet ist, daß Arbeiter, weil sie Arbeiter sind, vorweg ‚gut' und Fabrikanten, weil sie Fabrikanten sind, vorweg ‚schlecht' seien ...". „Die etablierten Herrscher vervollständigen oft das Leitbild einer ‚christlichen' Herrschaftsordnung, vor allem, wenn sie durch sakral-höfischen Ritus und persönliche Gesten andeuten, daß sie christliches Gedankengut verinnerlicht haben. Diese Verinnerlichung geht oft so weit, daß einzelne Herrscher sich selbst nicht mehr der für sie lediglich instrumentalen Bedeutung von Kirche und Religion bewußt sind[6]." Desgleichen wendet sich *Anton Burghardt* gegen „die zur Ideologie entartete Annahme vieler Christen von der absoluten Gültigkeit und ausschließlichen Rechtfertigung bestimmter Staats- und Regierungsformen" und bezeichnet sie als „christlich-etikettiertes, reaktionär-konservatives Denken", das auch dem parteipolitischen Katholizismus zu bescheinigen sei[7].

II. Mitbestimmung und Vermenschlichung der Arbeitswelt

In wirtschaftlichen Prosperitätsphasen tauchen auch immer wieder „humane, soziale" Gedanken über eine Vermenschlichung der Arbeitswelt in reformerischer oder nur-kritischer Absicht auf, um dann in wirtschaftlich schlechteren Zeiten wieder in Vergessenheit zu geraten. Die letzte Diskussion um eine Humanisierung der Arbeitswelt setzte bei der Arbeits- und Arbeitsplatzgestaltung und den Freiräumen für die Arbeitenden an. Neue Arbeitsformen wie teil-autonome Arbeitsgruppen, „job enrichment" und „job enlargement" sowie ergonomische Verbesserungen des Arbeitsplatzes wurden diskutiert, hier und dort experimentell erprobt — und meistens wieder stillschweigend fallen gelassen. Man findet sie weit stärker in Vorträgen und Seminaren als Gesprächsthema, denn als Wirklichkeit in den Betrieben.

Und auch die Demokratisierung der Betriebe sollte zu einer Vermenschlichung beitragen. Dabei ist es aber fraglich, wie weit formale Demokratie-Prozesse dem einzelnen tatsächlich menschlicher vorkommen; wie weit es für ihn eine Verbesserung bedeutet, wenn sein Schicksal nicht von einem Betriebspatriarchen, sondern von einer Mehrzahl von Funktionären entschieden wird. Fraglich ist überdies, wie weit das Ziel der Demokratisierung überhaupt die Vermenschlichung ist, und nicht die Steigerung des Einflusses der überbetrieblichen Verbände und damit indirekt auch des staatlichen Einflusses auf die Betriebe.

Wenn Maßnahmen zur Humanisierung der Arbeitswelt und zur Mitbestimmung tatsächlich die Arbeits„welt" der Arbeitenden lebenswerter machen sollen, dann muß man Formen finden, die nicht mit der wirtschaftlichen Entwicklung wieder verschwinden und die nicht nur die Machtverteilung verändern. Sie müßten also sowohl von Macht wie ökonomischen Zwängen unabhängig sein. Die Mitbestimmung bedeutet sicherlich einen wichtigen Schritt in Richtung auf eine Reformierung unserer Sozialordnung, zu einer Humanisierung der Arbeitswelt trägt sie allerdings nur dann bei, wenn nicht nur in funktionaler, ökonomischer Hinsicht und in bezug auf die Durchsetzung von Interessen der sozialen Gruppen auf Mitbestimmung abgezielt wird, sondern der einzelne Mensch eine andere Rolle und einen anderen Stellenwert in der Betriebsordnung erhält als bisher.

Wilensky spricht von der Arbeit als einem sozialen Problem, weil die Bedeutung der Arbeit in einem sozialen Kontext verankert ist, die Identität der Person betrifft und den Lebenszyklus der Menschen mit einbegreift[8]. Die Arbeitswelt mit ihrer autonomen Versachlichung ist eine Kunstwelt, von der die Wirklichkeit des Lebens ausgeschlossen wird. In ihr schlägt Krankheit nur als Kostenfaktor zu Buch, Tod als Freiwerden eines Arbeitsplatzes, Geburt als ökonomisches Risiko der Beschäftigung von Frauen; es gibt keine Freude und kein Leid, nur Erfolg, Gewinn, Wachstum, Kosten. Zwischenmenschliche Gefühle und Beziehungen werden auf die Ebene der „informellen Organisation" verwiesen, sie haben eigentlich mit dem Betriebsgeschehen und schon gar mit den Betriebszielen nichts zu tun. In einer globalen Untersuchung, die sich „Interview mit der Menschheit" betitelt, wurde die sinkende Zentralität der Arbeit im Wertsystem der Menschen festgestellt[9]. Das kann eine steigende Frustration am Arbeitsplatz oder die Höherschätzung von Werten, die sich nicht aus der Erwerbsarbeit ergeben, andeuten. Alle Techniken zur Motivierung der Arbeitnehmer werden jedoch nicht viel gegen diese Tendenz ausrichten, solange sich die Arbeitswelt und damit die Betriebsordnung immer weiter vom menschlichen Maß entfremdet, immer technokratischer und bürokratischer auch in ihrem Umgang mit den Menschen wird.

Die Veränderung der Betriebsordnung muß in eine allgemeine Veränderung unserer Wertvorstellungen eingebettet werden. Ihren Ansatz kann diese Veränderung aber nur im Betrieb haben, weil man nicht immer danach trachten soll, den Menschen zu verändern, sondern besser das, was der Mensch geschaffen hat und dessen Natur somit die Veränderung ist. Dazu gehört aber auch unser Denken und unsere Vorstellungen von der Wirklichkeit, die uns umgibt. Auch sie sind Produkte gesellschaftlicher Kommunikation. Solange wir in Termini wie „Arbeitswelt" (der nicht einmal eine adäquate Wortschöpfung, welche die private Welt bezeichnet, gegenübersteht) denken, sind wir allerdings von einer Veränderung unserer Wirklichkeit im Sinne einer Vermenschlichung noch weit entfernt. Solange wir geistige Wandler zwischen selbst-geschaffenen irdischen Welten, die voneinander keine Notiz nehmen, bleiben, wird sich auch an der materialen Welt nichts ändern und damit auch die Voraussetzung wieder für unsere geistig-emotional-seelische Integration als Menschen ausbleiben.

---

[1] *Anton Burghardt:* Betriebs- und Arbeitssoziologie, Wien, Köln, Graz (Böhlau) 1978, S. 18.

[2] *Anton Burghardt:* Mitbestimmung, in: *Alois Brusatti et al. (Hrsg.):* Soziologie und Sozialpolitik. Ausgewählte Schriften von Anton Burghardt aus Anlaß seines 70. Geburtstages. Berlin (Duncker & Humblot) 1980, S. 249.

[3] *Anton Burghardt:* Grundriß der Mitbestimmung, in: AGP-Mitteilungen, 18. Jg., Heft 156 (1970), S. 1 (Hrsg. von der Arbeitsgemeinschaft zur Förderung der Partnerschaft in der Wirtschaft e. V.).

[4] *Anton Burghardt:* Katholische Soziallehre. Anmerkungen zu ihren Konstanten und Variablen, in: *Alois Brusatti et al. (Hrsg.):* Soziologie und Sozialpolitik, a.a.O., S. 193.

[5] *Anton Burghardt:* Katholische Soziallehre. Anmerkungen zu ihren Konstanten und Variablen, in: *Alois Brusatti et al. (Hrsg.):* Soziologie und Sozialpolitik, a.a.O., S. 188/189.

[6] *Anton Burghardt:* Ideologieverdacht gegen Christliche Soziallehren, in: *Alois Brusatti et al. (Hrsg.):* Soziologie und Sozialpolitik, a.a.O., S. 222/223.

[7] *Anton Burghardt:* Ideologieverdacht gegen Christliche Soziallehren, in: *Alois Brusatti et al. (Hrsg.):* Soziologie und Sozialpolitik, a.a.O., S. 226.

[8] *Harold L. Wilensky:* Work as a Social Problem, in: *Howard S. Becker (Hrsg.):* Social Problems. A Modern Approach. London (Wiley) 1966, S. 117 ff.

[9] *Basler Versicherungsgruppe (Hrsg.):* Interview mit der Menschheit. Basel 1978.

ZUR GELDORDNUNG

Von Wolfgang Schmitz, Wien

A. Der harte Kern der Katholischen Soziallehre

Bevor die Frage beantwortet werden kann, was in der Katholischen Soziallehre zur Geldordnung Bleibendes und was darin Veränderliches ist, muß geklärt werden, was denn diese Lehre eigentlich ausmacht. „Die Katholische Soziallehre" bietet weder in ihren prinzipiellen Ausgangspunkten noch in ihren abgeleiteten Aussagen zu konkreten gesellschaftspolitischen Problemen das einheitliche Bild, das der bestimmte Artikel davor vielleicht erwarten läßt und auch von vielen Außenstehenden immer noch erwartet wird. Die Katholische Soziallehre wird im Katholischen Soziallexikon von *Rudolf Henning* unter Berufung auf *Hermann Josef Wallraff* sehr treffend dahingehend beschrieben, daß sie „in der Geschichte in unterschiedlichen Gestaltformen oder Ausgangsweisen, als ein vielfältiges Geflecht aus ethischen Garantien und Idealen, aus Vorlieben und Vorschlägen, aus Skizzen und Erinnerungen, aus Vergleichen und Abgrenzungen, aus Visionen und kommentarhaften Bemerkungen" begegnet[1].

Der Eindruck einer gewissen *imponierenden Geschlossenheit* der Katholischen Soziallehre stammt wohl aus der einmaligen historischen Situation der Kulturkampfzeit des 19. Jahrhunderts und der Jahrhundertwende und dem so nachhaltigen Beitrag, den sie zur Lösung fundamentaler sozialer Probleme seit damals leistet. Damals formte sich ein mehr oder weniger geschlossener „politischer" Katholizismus mit den päpstlichen Sozialenzykliken, sozialen Katholikentagen und einem katholischen Verbandswesen bis weit hinein in die Freizeitgestaltung als adäquate Seelsorgeinstrumente. Dieser so beeindruckende einheitliche politische, soziale und kulturelle Katholizismus, dessen Bedeutung bis in die Mitte unseres Jahrhunderts hineinreicht (und heute noch manchem als erstrebenswert gilt!), hatte seine hohe Zeit und seine historische Aufgabe: „Jener Katholizismus, in dem die Älteren unter uns noch großgeworden sind, ist vergänglich[2]."

Im Kontinuum des *christlichen Menschenbildes* hingegen liegt das Wesentliche des an der Katholischen Soziallehre Bleibenden, wie es sich vor allem in der Einmaligkeit und Würde jedes Menschen als Person und durch die Realität der Erbsünde und der Chance zur individuellen Erlösung manifestiert. Den „harten Kern" der Katholischen Soziallehre sah auch *Anton Burghardt* darin, daß sie „vor allem ein wesentlicher Bestandteil der christlichen Lehre vom einzelnen Menschen, seinem Sollverhalten und den humanistischen Bedingungen (ist), die vorgegeben sein müssen, damit der einzelne sich im Sinne christlichen Lehrgutes verhalten kann"[3].

In der „Katholischen Soziallehre" — nach *Henning-Wallraff* als Gemenge von moraltheologischen und moralphilosophischen Aussagen unterschiedlichster Art verstanden — hat sich in der Einstellung zur Geldordnung im letzten Jahrzehnt etwas grundsätzlich verändert: sie hat das Geld entdeckt.

B. Das Geld — das unbekannte Wesen

Das heißt näherhin, die christliche Soziallehre ist sich zunächst der Lücke bewußt geworden, die ihr fehlendes Verhältnis zum Geld als Kulturfaktor und zentrales Ordnungsinstrument unserer Gesellschaft bis vor kurzem offen gelassen hat.

Das gilt nicht nur für die Katholische Soziallehre. Auch der protestantische Theologe *Herbert Lüthy* beklagt, daß die Kirchenväter und die heidnischen Philosophen des Altertums in ihrem Verdammungsurteil über alles, was Geld und Geldgeschäft war, übereinstimmten; „und in diesem Punkt war Luther scholastischer als viele Scholastiker"[4]. Das „Geld als Gegenstand der Verachtung" im religiösen und philosophischen Denken und die Geldwirtschaft als die „Entartung der Gesellschaft" und das Geld als Ursache der Zerstörung einer natürlich gewachsenen „gottgewollten" Ordnung sowie über die Wurzeln des „Widerstandes der christlichen Moral gegen das Gelddenken" und das „Geld als Element der Störung im psychischen Bereich" beschreibt auch *Wilhelm Weber* anhand einer bis weit in die Antike zurückreichenden Argumentation[5]. *Gerhard Schmidtchen* hat (noch 1979!) den Vorwurf dieser Haltung auf andere Zweige der Sozialwissenschaften ausgedehnt: „Es ist, als ob die Sozialpsychologen und die Soziologen in einer wirklichen Form der Säkularisation die theologische Verachtung des Geldes in ihre Wissenschaft übertragen haben, obwohl es zur Belohnung oder zur Bestrafung ein wichtiges Sozialisationsmittel sei: als Sache, mit der man sich nicht beschäftigt." *Anton Burghardt* gehört mit seiner „Soziologie des Geldes und der Inflation" (1977) zu denen, die die erwähnte Wende eingeleitet haben.

Um die öffentliche Diskussion über das Geld in der Kirche aus ihrer Oberflächlichkeit zu befreien und die Frage nach der Vereinbarkeit von Geld, das der irdischen Wirtschaftsordnung angehört, mit dem Glauben, der Gottes Wort im Evangelium zuzuordnen ist, in wissenschaftlicher Weise zu klären, wurde 1979 in Bayreuth (BRD) ein zweitägiges Kolloquium veranstaltet, bei dem international bekannte Fachleute der Nationalökonomie, Geldwirtschaft, Soziologie, Philosophie, Sozialpsychologie und Theologie (katholisch sowie evangelisch) einen interdisziplinären Dialog zum Thema „Geld und Glaube" führten. Dabei wurde festgestellt, daß dieses „Defizit in den Äußerungen zur Geldproblematik innerhalb der christlichen Gesellschaftslehre" *(Friedrich Beutter)* vereinzelte theologische „Urteile über das Geld in ihrer Arroganz und Aufgeregtheit unangemessen erscheinen läßt" *(Wilhelm F. Kasch)*[6].

Es ist zwar nicht sehr schmeichelhaft, aber immerhin realistisch und damit richtig und notwendig, daß diese Umstände heute auch im Zusammenhange mit der Kirchensteuer aufgezeigt werden. Die Notwendigkeit, die Kirche wie jede andere menschliche Organisation seriös finanzieren zu müssen, erfüllt manche Würdenträger im Klerus und unter den Laien zu Unrecht mit einem *Unbehagen,* das von einer gewissen *schamhaften Verlegenheit* bis zur *offenen Ablehnung* reicht.

Es ist aber höchste Zeit, daß es offen ausgesprochen wird, daß auch die Kirche *von Anfang an* — auch unter den Verfolgungen der ersten Jahrhunderte — *Vermögen besaß* und Einkünfte zu verwalten hatte, und daß in einer Zeit großer Organisationen, die das Leben der Gesellschaft sehr viel stärker beeinflussen als noch so bemühte und gutwillige einzelne Personen oder kleine Gruppen, eine wirkungsvolle christliche Beteiligung letztlich nur durch eine große Organisation zu leisten ist, die gesicherter Mittel bedarf, um existieren und ihre Funktionen erfüllen zu können[7]. Es wäre daher auch einmal notwendig, dem nachzugehen, was aus den sozialethischen Forderungen an die staatliche Finanzpolitik auch für das kirchliche Finanzwesen gilt, wie z. B. das Recht aller braven Zahler auf nachdrückliche Eintreibung bei den Säumigen und eine gewisse Publizität für die Verwendung dieser Mittel.

C. Freiheits- oder Herrschaftsinstrument

Dieses Fehlen einer realistischen Einstellung zum Geldwesen ist um so erstaunlicher, als das ja schon seit langem gilt, was heute geradezu als plötzliche Offenbarung empfunden wird: „Weil Geld die Schöpfung des Menschen, eine vom Menschen eingerichtete Institution ist, trägt das Geld auch an dem (sozial-)ethischen Grundauftrag mit, das zu tun, was zum guten, zum geglückten und vermenschlichten Leben beiträgt[8]." Nach *Wilhelm F. Kasch* gehört das Geld „vor Computer, Atomspaltung, Maschine, Buchdruckerkunst, Pulver und nach Sprache, aber neben Schreiben und Lesen zu den bedeutendsten Manifestationen des menschlichen Geistes"[9]. Symptomatisch für diesen Aufbruch, den diese Entdeckung des Geldes zur Folge hatte, war auch die verdienstvolle Herausgabe der *Acta Monetaria* als „Jahrbuch für Geldordnung und Geldethik" durch *Gerhard Merk* im Jahre 1977 beim Verlag Fritz Knapp in Frankfurt am Main.

Heute findet insbesondere die ordnungspolitische Seite des Geldwesens Beachtung. Die Einführung des Geldes erweitert den Handlungsspielraum des einzelnen und befreit ihn aus alten Bindungen, betont *Werner Ehrlicher*, wobei er allerdings realistischerweise hinzufügt: Gleichzeitig wird durch die Geldwirtschaft jedoch ein Ordnungsgefüge institutionalisiert, das den einzelnen in neue Zusammenhänge einbindet, die neue Abhängigkeiten, neue Unsicherheiten und neue Möglichkeiten der Machtausübung bedingen[10]. Die Dispositionsfreiheit über den Zugang zu Waren, Leistungen oder Vermögen bleibt aber jedenfalls erhalten. Das hat interessanterweise der berühmte Rechtsgelehrte *Rudolph von Ihering* schon vor einem Jahrhundert gesagt: „Unsere persönliche Freiheit und Unabhängigkeit beruht darauf, daß wir zahlen können und müssen — in Geld steckt nicht nur unsere ökonomische, sondern auch unsere moralische Unabhängigkeit"[11]. Die theologische Fragestellung zum Geld zwischen christlicher Freiheit und Herrschaftselement wird heute als „neuartig" empfunden und in dieser Form auch innerhalb der christlichen Soziallehre nahezu völlig vermißt[12].

Diese Neubesinnung auf die Bedeutung des Währungswesens für das Wohl der Menschen und ihres Zusammenlebens kommt nicht von ungefähr. Krasse Veränderungen in der Kaufkraft einzelner Währungen als galoppierende Inflation in Nachkriegszeiten, als Deflation in der Weltwirtschaftskrise der 30iger Jahre und der Stagflation (als Kombination von Inflation mit Wirtschaftsflaute) in der Gegenwart, haben die Rolle neu erkennen lassen, die der Geldordnung für ein funktionierendes Gemeinwesen zukommt. Historisch vorausgegangen ist der qualitativ-grundsätzliche *Wechsel* vom Geld, das seiner *Wareneigenschaften* wegen als Geld Verwendung fand (wie z. B. die Edelmetalle), zur *künstlich geschaffenen* Geldeinheit, die ihren Charakter dem Annahmezwang und der Knappheit verdankt (bis zu den Sonderziehungsrechten des Internationalen Währungsfonds — IWF). Vielleicht haben auch historische Fehlleistungen wie z. B. das kanonische Zinsverbot zur langen Unterschätzung der Gemeinwohlfunktion des Geldes beigetragen. Das Geldwesen galt als suspekt und wurde Minderheiten wie z. B. den Juden überlassen, in welchen man dann glaubte, auch die Sündenböcke gefunden zu haben, wenn in diesem rätselhaften und geheimnisvollen Gebiet menschlicher Kultur und Problemlösungs- wie auch Problemschaffungsmaschinerie vermeintliche oder wirkliche Defekte aufgetreten sind. — „Wo Wirkungen erkennbar sind, wird nicht nach Ursachen, sondern nach ‚Schuldigen' gesucht", stellt *Anton Burghardt* bei seiner Definition des Begriffes „Vorurteil" fest[13].

Schon die *Sozialethik* als allgemein anerkannte philosophische Disziplin (gegenüber z. B. der Moraltheologie) ist ein *Kind der letzten Jahrhundertwende,* das sich erst gegen die Ansicht durchsetzen mußte, daß es nur eine Individualethik gebe, weil nicht die Gesellschaft als solche, sondern nur die Einzelpersönlichkeit Verstand oder freien Willen, die Voraussetzungen sittlichen Verhaltens, besitze[14]. Es kann daher nicht überraschen, daß die Entdeckung des sozialethisch Relevanten im anonymen und komplexen Geldwesen eine der jüngsten Zweige dieser jungen Wissenschaft ist. In den Bestrebungen, die „Soziale Frage" als Frage nach einer gemeinwohlfördernden Ordnung der gesamten Gesellschaft zu verstehen *(Johannes Messner),* mußte man früher oder später auf den Blutkreislauf des Kulturbereiches Wirtschaft stoßen und seine sozialen Dimensionen erkennen.

Es war eher später, so daß einschlägige Literatur noch Mangelware (und daher um so wertvoller!) ist, wenngleich natürlich immer schon Probleme behandelt wurden, die man heute als „währungsethisch" bezeichnen könnte, genauso wie die Sozialethik nicht streng abgrenzbar aus der Moralphilosophie hervorgegangen ist.

D. Die Gemeinwohlfunktion des Geldes

Das Geld hat durch die Zerlegung des Tausches Ware gegen Ware in zwei unabhängig voneinander vollziehbare Teile eine für das materielle Wohl der Menschheit weitestreichende Innovation ermöglicht: Die regionale und die weltweite Arbeitsteilung. Geld wurde zum globalen Vermittler alles dessen, was an materiellen und immateriellen Werten durch Geld erworben werden kann. Die Erfindung des Geldes hat es möglich gemacht, nicht nur Kaufkraft über längere Entfernungen und Zeiträume mit relativ geringen Kosten zu erhalten (zu „Sparen"), sondern bei richtiger Veranlagung auch noch durch Erträge zu vermehren. So wird voraussehendes und die Ressourcen schonendes Wirtschaften angeregt.

Die Erfindung des Geldes als langfristig zur Verfügung stehenden Anspruch auf Waren und Leistungen macht es möglich, auf Ansprüche, die sofort realisiert werden könnten, zu verzichten und über die Kreditgewährung aus diesen Mitteln durch den, der gerade keine realen Investitionswünsche hat, an einen anderen, womöglich weit entfernten (über die internationalen Kapitalmärkte), der dort mehr rentierende Investitionsmöglichkeiten wahrnimmt, als Finanzierungsmittel verfügbar zu machen.

Die Einführung der Wirtschaftsrechnung mit der Angabe der wirtschaftlichen Werte in Geldeinheiten macht das Wirtschaften, d. h. das Kombinieren von knappen Produktionsfaktoren zur jeweils ertragreichsten Verwendung möglich. „Wirtschaften" kann dabei das Bemühen um einen gewünschten Ertrag unter möglichst sparsamer Verwendung von Ressourcen oder die Absicht sein, aus vorhandenen Mitteln möglichst hohe Erträge zu erzielen. Die *Schaffung einer* nationalen und einer internationalen *Währungsordnung,* die der Gesellschaft von heute diese Möglichkeiten so reibungslos und optimal wie möglich zur Verfügung stellt, ist daher *ein sozialethisches Anliegen hohen Ranges.*

Wenn das der Fall ist, dann ist die Frage zu beantworten, welche Eigenschaften eine Währung haben muß, um diese sozialethisch so wichtigen Zwecke erfüllen zu können. In diesem Beitrag sollen die wichtigsten behandelt werden, die heute im Zentrum der nationalen und internationalen Währungspolitik stehen. Es sind dies vor allem: die auf längere Zeit hin ungeschmälerte Kaufkraft der Währungseinheit, die ausschließliche Anwartschaft auf knappe wirtschaftliche Güter (Waren und Leistungen) durch Verfügung über die entsprechende Quantität an Währungseinheiten („Geld als einziger Bezugschein"), die freie Wahlmöglichkeit unter allen alternativen Sparformen, die freie Konvertierbarkeit der eigenen Währung in andere Währungen und umgekehrt, auch zum Zwecke des Erwerbes ausländischer Spartitel, sowie die Gewährung von Zahlungsbilanzhilfen ohne Vertagung des Anpassungsprozesses in den Schuldnerländern. In der heutigen Wirtschaftsordnung werden meist folgende Funktionen des Geldes genannt: als allgemeines Tauschmittel, als Wertaufbewahrungs- und Wertübertragungsmittel, als Recheneinheit. Der Rang der Währungsethik liegt in der zentralen Bedeutung dieser Funktionen für das Gemeinwohl.

Die *Gemeinwohlfunktion des Geldes* liegt darin, daß das Geld die Sozialfunktion des Wettbewerbs *(Johannes Messner)* in einer arbeitsteiligen Wirtschaft ermöglicht: Die Koordination der zahllosen Einzelentscheidungen in den vielen Betrieben und Haushalten erfolgt über den *Preismechanismus des Marktes.* Diese Koordination der Einzelentscheidungen ist nur über einen generellen Knappheitsmesser und damit über den einheitlichen Ausdruck aller Vorgänge in Geldeinheiten möglich. Die Entscheidungsfreiheit im Leistungs- und Verbrauchsprozeß wird nur über ein allgemeines Tauschmittel gesichert *(Werner Ehrlicher).* In einer konsequenten Zentralverwaltungswirtschaft hingegen degeneriert das Geld lediglich auf seine Funktion als Recheneinheit, zumindest im Unternehmensbereich und im öffentlichen Bereich, zur Kontrolle der Planerfüllung.

Es wird daher vereinzelt bezweifelt, ob die Währungen der Länder des Rates für Gegenseitige Wirtschaftshilfe (RGW) Geld im Vollsinn des Wortes sind. Bezeichnend ist jedenfalls, daß diese Länder selbst unter dieser Beschränkung nur über *Binnenwährungen* verfügen. Der sogenannte Transferrubel ist nur eine (letzten Endes auch bloß bilaterale) Verrechnungseinheit. Hätte die übrige Welt nicht ein internationales Währungssystem mit frei konvertiblen Währungen aufgebaut und freie Weltmärkte entwickelt, dann hätten diese Länder auch im Verkehr untereinander weder geeignete Preisvorstellungen noch geeignete Zahlungsmittel für den Handel mit wirklich knappen Gütern.

Das Ziel des Kommunismus war ursprünglich die *Abschaffung des Geldes* als überflüssiges Relikt der bürgerlichen Gesellschaft. „In der Situation eines administrativ zu verteilenden Überflusses", meinte folgerichtig *Anton Burghardt,* „verliert ... das Geld, das stets an die Versorgungssituation einer Knappheit der Waren gebunden ist, seine elementare Funktion"[15]. Darin kommt die gerade heute gänzlich unverständliche Illusion der kommunistischen Theoretiker der Anfangszeit zum Ausdruck. Die heutigen Versorgungsschwierigkeiten in allen RGW-Staaten (besonders aber in Polen und in der UdSSR) sind systembedingt und nur dann überwindbar, wenn sie fähig sind, über ihre ordnungspolitischen Schatten zu springen. Das Drängen kommunistischer Staatshandelsländer wie Rumäniens, Vietnams und Chinas (in der jüngeren Vergangenheit) sowie Ungarns und Polens (für die Zukunft), Mitglieder des Internationalen Währungsfonds zu werden, hat nicht nur den hohen Kreditbedarf dieser Länder zur Ursache. Es ist also offenbar nicht nur die „Entfaltung der bürgerlichen Gesellschaft", die ihren ökonomischen Ausdruck in der vollen Entwicklung der Geldfunktion findet, sondern die Entfaltung der menschlichen Gesellschaft schlechthin, die dieses Instrumentes offensichtlich nicht entbehren kann.

Unter den heute angebotenen Ordnungsvorstellungen ist es, wie an anderer Stelle entwickelt wurde[16], die Konzeption der Sozialen Marktwirtschaft, die den Forderungen der Katholischen Soziallehre am nächsten kommt. In dieser Konzeption hat die Währungsordnung eine zentrale Funktion, für die das Wort *Lenins* volle Geltung hat: „Wer eine

Gesellschaftsordnung zerstören will, muß zunächst ihr Geldwesen in Unordnung bringen." Dieser Ausspruch beleuchtet den Umstand, der jeder währungsethischen Betrachtung zugrunde liegt: daß nämlich *die Währungsordnung geschaffen* und erhalten werden muß, welche für eine sozialethisch *erstrebenswerte Gesellschaftsordnung notwendig* ist.

Das scheinbare Paradoxon liegt darin, daß gerade ein möglichst *freier Markt* eine sehr *strenge Geldordnung* als eine der wichtigsten Rahmenbedingungen verlangt, um funktionstüchtig zu sein. Die Forderung nach einer solchen Währungsordnung ist ein Beleg dafür, daß die Soziale Marktwirtschaft zu ihrer Verwirklichung eines starken und leistungsfähigen Staates bedarf. Funktionstüchtige Marktsteuerung und angemessene Geldversorgung sind in der arbeitsteiligen Marktwirtschaft siamesische Zwillinge. Das Geld kann seine Funktionen nur optimal erfüllen, wenn die Geldmenge richtig dosiert und gesteuert wird. Die Schaffung von Geld kann deshalb in der Marktwirtschaft — nach überwiegender Meinung der marktwirtschaftlich orientierten Wissenschaft — nicht nach dem sonst sinnvollen und produktiven Konkurrenzprinzip gesteuert werden[17].

E. Der Gegenstand der Währungsethik

Es dürfte zweckmäßig sein, unter der Währungsethik nicht schlechthin *alle* sozialethischen Probleme einzuschließen, die mit dem Geld zusammenhängen, sondern lediglich jene, die mit einer *gemeinwohlgerechten Funktionsfähigkeit* des Geldes verbunden sind. Soweit es um Fragen geht, wie das Geld verwendet wird, sind das solche der Individualethik, der Konsumethik, der Unternehmensethik oder — etwa was das Disponieren über Steuergelder betrifft — der politischen Ethik.

Das Geld hat dabei nur eine *instrumentale Funktion*, die die Erreichung von Zielsetzungen ermöglicht, deren Auswahl aus verschiedenen Alternativen eine Frage der Ethik ist. Das Werkzeug an sich ist *wertfrei;* es kommt nur darauf an, was der Mensch jeweils damit macht. Ist das bei der Währung nicht dasselbe? „Pecunia non olet!" sagt ein altes Sprichwort, das damit zum Ausdruck bringen will, daß dem Geld als bloßes Tauschmittel nicht anzumerken ist, wie es erworben wurde und wozu es Verwendung findet. Die Währung hat als Geldeinheit sicherlich den Charakter eines Instrumentes, das den Waren- und Leistungsaustausch, die Wertaufbewahrung, die Schuldentilgung und die Wirtschaftsrechnung technisch ermöglicht. Wie jedes andere Werkzeug in seiner Funktionstüchtigkeit von der dazu notwendigen Qualität abhängt, so muß auch das Geld dazu geeignet sein. Es bedarf daher einer ganz *spezifischen Währungspolitik*, damit geeignetes Geld geschaffen, seine Funktionsfähigkeit dauernd erhalten und, wenn es diese verloren hat, wiederhergestellt wird.

Es geht daher bei der Währungsethik, wie sie hier verstanden wird, nicht um die „ethische Dimension des Geldes" schlechthin, sondern darum, was das Geld zur Währung macht: nur um die ethische Dimension des Geldsystems und seiner Qualität. National und international geht es darum, „gutes Geld zu haben, durch gute Gestaltung des Geldwesens"[18]. *Gutes Geld* rechtfertigt das darin gesetzte *Vertrauen* als eine der wichtigsten moralischen Voraussetzungen für das menschenwürdige Zusammenleben.

Ansätze für eine systematische Währungsethik lassen sich aus der traditionellen *Naturrechtslehre* gewinnen. Diese Denkrichtung versucht, die Problematik der sittlichen Beurteilung der sozialen Sachverhalte durch die Frage nach dem der Natur der Sache nach Geforderten in den Griff zu bekommen. Wie die Sittlichkeit demnach in der Übereinstimmung des Verhaltens des Menschen mit den in seiner Natur, seinen körperlichen und geistigen Trieben vorgezeichneten, seinem Wesen entsprechenden „existentiellen" Zwecken besteht[19], so kann die Frage nach dem sittlich Guten in der Gestaltung der Währungsordnung und im Management des Geldsystems aufgrund der dem Wesen des Geldes entsprechenden Zwecken beantwortet werden: „Das richtige Geld ist das gerechte Geld[20]." — Es muß betont werden, daß dies *ein* Weg des Zuganges zu einer systematischen Währungsethik ist, sicherlich nicht der einzige, ob der beste, müßten alternative Versuche erweisen.

Zur Ergründung der dem Gelde seiner Natur nach zukommenden Zwecke muß nach den Funktionen des Geldes gefragt werden. Ungeachtet vieler Unsicherheiten und großer Meinungsverschiedenheiten in der Geldtheorie besteht über die Funktionen des Geldes eine sehr weitgehende Einigkeit. Die Aufrechterhaltung aller Geldfunktionen (als Tauschmittel, Wertaufbewahrungs- und -übertragungsmittel sowie Recheneinheit) ist die *Basis der Freiheit* auf wirtschaftlichem Gebiet als Konsum- und Sparfreiheit, als Investitions- und Produktionsfreiheit, als Freiheit der Wahl des Arbeitsplatzes und des Wohnsitzes. Nicht alle währungsethisch Argumentierenden sind heute über die sozialethische Bedeutung *aller* dieser Geldfunktionen einer Meinung. Interessanterweise sehen heute z. B. Anhänger der Theorie *Silvio Gesells* gerade in der Forderung nach einer Trennung der Funktionen des Geldes als Tauschmittel und als Wertmesser von der des Wertaufbewahrungsmittels, d a s ethische Anliegen einer freiheitlichen Ordnung.

Auch *Wilhelm Weber* scheint von der Kritik an einzelnen Geldfunktionen so beeindruckt, daß er für eine „partielle Eindämmung der Geldwirtschaft bei grundsätzlicher Beibehaltung der entwickelten Geldfunktion" eintritt, durch den Ausbau eines „naturalen" Dienstleistungsnetzes, d. h. eines auf Gegenseitigkeit und auf der Basis monetärer Unentgeltlichkeit funktionierenden Systems sog. „kleiner Netze" als Vorfeld einer folgenden „sozialen Mutation". „Dieser Sozialdienst wäre weder Verdienst noch Liebesdienst, sondern Dienst auf einer Nichtlohnbasis (also ohne Entgelt), aber prinzipiell auf Gegenseitigkeit (d. h. mit naturaler ‚Verrechnung')[21]." Einzelne Geldfunktionen werden als eine Ursache des exponentiellen Wachstums gesehen. Offenbar liegen auch hier *währungsethisch noch nicht aufgearbeitete Probleme.*

Über diese Funktionen des Geldes hinaus werden auch *metaökonomische* genannt, wie z. B. als Problemlösungsmechanismus, als Mittel der Verständigung und zur friedlichen Begegnung. Das Geld wird aber auch als Ursache und Ausdruck der Entfremdung des Menschen gesehen.

F. Die Adressaten der Währungsethik

Ein währungsethisches Anliegen ist vor allem die Frage, ob und inwieweit alle diese Funktionen für das Gemeinwohl von Bedeutung sind und welche *Folgerungen* sich daraus *für die* für die Gestaltung der Währung *Verantwortlichen* ergeben: in erster Linie für die Verantwortlichen in den Währungsbehörden, vor allem in den Zentralbanken und nach jeweiliger währungspolitischer Zuständigkeit auch in den Finanzministerien, Devisenfonds usw., aber auch für die Finanz- und Einkommenspolitiker, soweit deren Verhalten für die Währung relevant ist.

Der erste Adressat der Währungsethik ist schon der *Gesetzgeber,* der die Weichen für eine erfolgversprechende Währungspolitik zu stellen hat. Die geschichtliche Erfahrung mit Inflationen, insbesondere der Umstand, daß der Staat selbst ein Inflationsträger oder sogar ein potentieller Inflationsinteressent sein kann, hat eine Reihe von Ländern (z. B. Österreich, die Bundesrepublik Deutschland, die Schweiz) dazu geführt, die Geldversorgung einer von Staatsweisungen unabhängigen öffentlichen Notenbank anzuvertrauen, der die Finanzierung der öffentlichen Hände grundsätzlich untersagt ist. Es ist kein Zufall, daß gerade diese Länder in ihrer Antiinflationspolitik auch die relativ erfolgreichsten sind. Je mehr Politiker heute glauben, in der Finanzierung des Staates durch die Notenbank einen Ausweg aus dem Finanzdilemma des modernen Wohlfahrtsstaates finden zu können, desto wünschenswerter wird es, die währungsethisch bedeutungsvollsten Grundsätze der Währungspolitik in der Verfassung abzusichern[22].

Die optimale Funktionsfähigkeit des Geldes bedarf der Stabilität der Kaufkraft, die nach beiden Richtungen hin abzusichern ist: Weder darf es *zu wenig* Zahlungsmittel geben als in einer Volkswirtschaft Waren oder Leistungen ökonomisch sinnvoll umgesetzt werden sollen, noch darf es *zu viele* geben, die den Wert der einzelnen Einheit beeinträchtigen würden. Heute gibt es daher auch keine währungsethische Erörterung, die nicht die Bedeutung der stabilen Währung für das Gemeinwohl an erster Stelle nennen würde.

Eine zweite heute weniger beachtete ethische Forderung ist die nach dem *freien Zugang* zu den Zahlungsmitteln für jeden, der die dafür notwendige Gegenleistung zu erfüllen bereit ist, d. h. nach einer *nichtselektiven Geldschöpfung* der Notenbank. Das gilt auch für die Konvertierbarkeit der nationalen Währungen in der internationalen Wirtschaftsordnung, z. B. durch einen Verzicht auf Devisenkontrollen für den laufenden Handels- und Dienstleistungsverkehr.

Nicht minder ethisch relevant ist die *Ordnung des internationalen Währungssystems,* welches einer funktionsfähigen Weltwirtschaftsordnung das notwendige monetäre Rüstzeug gibt. Die Analogien zum nationalen innerstaatlichen Geldwesen haben sicherlich ihre realistischen Grenzen und dürfen daher nicht überstrapaziert werden. Sie sind aber sicherlich auch nicht zu übersehen.

So, wie eine funktionierende nationale Geldordnung über die Binnenmärkte eine arbeitsteilige Volkswirtschaft ermöglicht, so erlaubt die *freie Konvertierbarkeit der Währungen* seine währungsethische Funktion: Ist die Optimierung der ökonomischen Nutzung der Ressourcen der Welt das dominierende Ziel, so ist die Konvertibilität das adäquate Instrument. Was der Abbau der Handelsschranken auf der Güterseite, ist die Konvertibilität auf der Geldseite. Beiden verdankt die Weltwirtschaft nach dem zweiten Weltkrieg ihre so großartige, niemals vorausgesehene Expansion[23]. Soll vermieden werden, daß bei schweren, chronischen Zahlungsbilanzkrisen vorschnell zu Handels- und Devisenrestriktionen Zuflucht gesucht wird, so bedarf es eines weltweiten „lender of last resort", der kurz- bis mittelfristige *Devisenkredite* nach verläßlichen Regeln gewährt, jedoch die Fehler eines solchen Schuldnerlandes nicht einfach finanziert, sondern von der Einhaltung von Bedingungen abhängig macht, die erwarten lassen, daß der *notwendige Anpassungsprozeß* nicht lediglich vertagt wird.

Ethische Gesichtspunkte verlangen auch Mechanismen, die dafür sorgen, daß *Ersparnisse,* welche die regionalen Investitionsmöglichkeiten überschreiten, dorthin *kanalisiert werden,* wo lohnende Anlagemöglichkeiten einer zu geringen Geldkapitalbildung gegenüberstehen. Die Gemeinwohlbedeutung internationaler funktionierender Geld- und Kapitalmärkte harrt noch der sozialethischen Entdeckung! Ein anderes ethisches Problem der internationalen Währungsordnung liegt z. B. darin, daß Länder in einem System fester Wechselkurse die Folgen einer inflatorischen Politik anderen Ländern aufbürden können, ohne sie zunächst selbst in vollem Umfange tragen zu müssen. Zur internationalen Währungsordnung gehört also auch eine *Gestaltung der Wechselkurspolitik* als Angelegenheit internationaler Kooperation sowie die in der Praxis noch völlig ungelöste Frage der *Kontrolle der* heute überbordenden *internationalen Liquidität.*

Ethisch bedenklich, da das Gemeinwohl bedrohend, sind auch die *scheinbar* so humanen Bestrebungen, die Schaffung neuer Mittel für die Entwicklungsländer mit der Schöpfung zusätzlicher Liquidität durch den IWF zu verbinden. Das ist mit der Absicht vergleichbar, die öffentliche Hand innerstaatlich durch die Banknotenpresse zu finanzieren.

G. Grenzen der Währungsethik

Als Teil der Sozialethik ist die Währungsethik in Analogie zu *Johannes Messner* der die Währung betreffende Teil der sittlich-rechtlichen Ordnung der Gesellschaft als Voraussetzung für die Selbstverwirklichung des Menschen[24]. Für die Währungsethik gilt dasselbe, was zu jeder ethischen Sicht eines wirtschaftspolitischen Teilbereiches zu sagen ist: Die Postulate der Währungsethik können n i c h t als *absolute* gesehen werden, die *unabhängig* sind von der Ordnung der anderen. Diese müssen sich vielmehr in den *grundlegenden Ordnungsrahmen einfügen.* Die Währungspolitik kann nicht die Fehler korrigieren, die auf anderen wirtschaftspolitischen Gebieten gemacht werden, wie z. B. durch Bemühungen, durch eine harte Wechselkurspolitik die inflationären Folgen chronischer massiver Budgetdefizite und einer ebenfalls weichen Einkommenspolitik zu korrigieren.

Sicherlich gehören die für die Währung relevanten Verhaltensweisen *nicht* zu den *unmittelbar einsichtigen* sittlichen Prinzipien, wie etwa das Gebot „Du sollst nicht stehlen!" oder wie die goldene Regel „Tue anderen nicht, was Du nicht willst, daß man Dir tut!". Das verhindert die Unübersichtlichkeit und Komplexität der währungstechnischen und viele ungeklärte Fragen der währungstheoretischen Zusammenhänge. Der währungsethische Standard einer Zeit ist daher vom Stand der wissenschaftlichen Erkenntnis der relevanten Zusammenhänge nicht zu trennen.

[1] *Rudolf Henning:* Artikel „Katholische Soziallehre“, in: *Alfred Klose et al. (Hrsg.):* Katholisches Soziallexikon, 2. Aufl. Innsbruck, Wien München (Tyrolia) und Graz, Wien, Köln (Styria) 1980, Sp. 1306.

[2] *Franz Xaver Kaufmann:* Ende des Katholizismus, in: *Karl Gabriel und Franz Xaver Kaufmann (Hrsg.):* Zur Soziologie des Katholizismus. Mainz (Grünewald) 1980.

[3] *Anton Burghardt:* Katholische Soziallehre. Anmerkungen zu ihren Konstanten und Variablen, in: *Alfred Klose et al. (Hrsg.):* Ordnung im sozialen Wandel. Festschrift für Johannes Messner zum 85. Geburtstag. Berlin (Duncker & Humblot) 1976, S. 44.

[4] *Herbert Lüthy:* Der Theologe und die Wirtschaftsgesellschaft, in: *Constans Seyfarth und Walter M. Sprondel (Hrsg.):* Seminar Religion und gesellschaftliche Entwicklung. Studien zur Protestantismus-Kapitalismus-These Max Webers. Frankfurt (Suhrkamp) 1974 (Suhrkamp Taschenbücher Wissenschaft, Bd. 38).

[5] *Wilhelm Weber:* Geld, Glaube, Gesellschaft. Opladen (Westdeutscher Verlag) 1979 (Rheinisch-Westfälische Akademie der Wissenschaften, Vorträge G 239).

[6] Alle Zitierungen aus *Wilhelm F. Kasch (Hrsg.):* Geld und Glaube. Paderborn, München, Wien, Zürich (Schöningh) 1979 (Bayreuther Kolloquium zu Problemen Religiöser Sozialisation, Bd. 2).

[7] Siehe *Werner E. Pradel:* Kirche ohne Kirchenbeitrag. Mittel und Methoden kirchlicher Finanzierung. Dokumente aus 75 Ländern. Wien, München (Herold) 1981, S. 313 ff.

[8] *Friedrich Beutter:* Zur ethischen Dimension des Geldes, in: Acta Monetaria, Bd. 1 (1977), S. 28.

[9] *Wilhelm F. Kasch:* Geld und Glaube. Problemaufriß einer defizitären Beziehung, in: *Wilhelm F. Kasch (Hrsg.):* Geld und Glaube, a.a.O., S. 36. Vgl. auch *Wilhelm F. Kasch:* Zur Äquivalenzproblematik des Geldes, in: Acta Monetaria, Bd. 3 (1979), S. 147 ff.

[10] Siehe *Werner Ehrlicher:* Geld als Freiheit. Über die ordnungspolitische Funktion des Geldes, in: *Wilhelm F. Kasch (Hrsg.):* Geld und Glaube, a.a.O., S. 73.

[11] *Rudolph von Jhering:* Der Zweck im Recht, Bd. 1. Leipzig (Breitkopf & Härtel) 1877, S. 128.

[12] Siehe *Friedrich Beutter:* Geld im Verständnis der christlichen Soziallehre, in: *Wilhelm F. Kasch (Hrsg.):* Geld und Glaube, a.a.O., S. 115 sowie *Friedrich Beutter:* Geheimnischarakter des Geldes und ethische Grundlagen der Geheimhaltungspflicht, in: Acta Monetaria, Bd. 2 (1978), S. 15 ff.

[13] *Anton Burghardt:* Einführung in die Allgemeine Soziologie, 3. Aufl. München (Vahlen) 1979, S. 78 (Wiso Kurzlehrbücher).

[14] Siehe *Johannes Messner:* Artikel „Sozialethik“, in: *Alfred Klose et al. (Hrsg.):* Katholisches Soziallexikon, a.a.O., Sp. 2673.

[15] *Anton Burghardt:* Soziologie des Geldes und der Inflation. Wien, Köln, Graz (Böhlau) 1977, S. 28 f. (Böhlaus wissenschaftliche Bibliothek).

[16] Siehe *Wolfgang Schmitz:* Soziale Marktwirtschaft der Katholischen Soziallehre am nächsten, in: Europäische Rundschau, Bd. 8 (1980), S. 29 ff.

[17] Siehe *Otto Vogel:* Ordnungsprinzipien der sozialen Marktwirtschaft. Köln (Deutscher Instituts-Verlag) 1980, S. 20 f. (Curriculum Soziale Marktwirtschaft, Baustein 1).

[18] *Friedrich Beutter:* Zur ethischen Dimension des Geldes, a.a.O., S. 18. Siehe auch *Friedrich Beutter:* Bedeutung und Macht des Goldes, in: *Hans Gerd Fuchs (Hrsg.):* Gold. Rohstoff — Hortungsobjekt — Währungsmetall. Frankfurt (Knapp) 1981, S. 14 f.

[19] Siehe *Johannes Messner:* Das Naturrecht. Handbuch der Gesellschaftsethik, Staatsethik und Wirtschaftsethik, 5. Aufl. Innsbruck, Wien, München (Tyrolia) 1966, S. 38 ff.

[20] *Wilhelm Gerloff:* Geld und Gesellschaft. Versuche einer gesellschaftlichen Theorie des Geldes. Frankfurt (Klostermann) 1952 (Frankfurter Wissenschaftliche Berichte, Kulturwissenschaften, Bd. 9).

[21] *Wilhelm Weber:* Geld und Glaube, a.a.O., S. 37 f.

[22] Siehe *Wolfgang Schmitz:* Verfassungsschutz für den Schilling. Novellierung des Nationalbankgesetzes, in: Wirtschaftspolitische Blätter, Bd. 27 (1980), Heft 5, S. 93.

[23] Zu den Postulaten einer angemessenen Geld- und Kreditversorgung, der Geldwerterhaltung, der Konvertibilität und der ausreichenden Kapitalbildung (und insbesondere der sich daraus ergebenden Kritik an den Währungen der RGW-Länder unter diesen Gesichtspunkten) siehe *Wolfgang Schmitz:* Stabilität — Konvertibilität — Solidarität. Überlegungen zu einer systematischen Währungsethik, in: *Alfred Klose et al. (Hrsg.):* Ordnung im sozialen Wandel, a.a.O., S. 347 ff.

[24] Siehe *Johannes Messner:* Artikel „Sozialethik", in: *Alfred Klose et al. (Hrsg.):* Katholisches Soziallexikon, a.a.O., Sp. 2673.

ZUR GRUNDWERTORDNUNG

Von Rudolf Weiler, Wien

A. Grundwerte in der freien und offenen Gesellschaft

Der Begriff der „geschlossenen" Gesellschaft (société close) stammt wohl von *Henri Bergson*[1]. Er entwickelte diesen Gedanken an der Bedeutung der „gesellschaftlichen Sittlichkeit" im Verständnis von *Hegel*. Demgemäß bestimmt die Sittlichkeit das Gesellschaftliche. Heute freilich wird dies vielfach soziologistisch umgedeutet: Sittlichkeit ergebe sich von der Gesellschaft her. Angenommen, die sittliche Idee würde tatsächlich im Schritt der Menschheitsgeschichte verwirklicht. In diesem Falle zeigte sich die Gesellschaft jeweils mit ihrem Wertbestand ident. Eine Abweichung zwischen sittlich Gesolltem und gesellschaftlich Wirklichem wäre unmöglich. Für die Grundwerte in ihrem gesellschaftlichem Bestand ergäbe sich jetzt nur ein Kriterium: nämlich der jeweilige Stand im geschichtlichen Fortschritt. Anders ausgedrückt: die objektive sittliche Idee wäre mit der gesellschaftlichen Sittlichkeit ident. Die Gesellschaft hinwieder, ident mit der sittlichen Idee, wäre durch den Wegfall der Kompetenz des Gewissensurteils ihrer einzelnen Glieder zurecht als „geschlossene" Gesellschaft anzusehen.

I. Freiheit und Gemeinwohl

Einer der Vorkämpfer des Kritischen Rationalismus und der „offenen" Gesellschaft ist *Karl R. Popper*. Er sieht die Ideenlinie des abendländischen Denkens nicht so, daß namens der Metaphysik (in seinem Verständnis) „ideologisierte Werte" in die Gesellschaft hineingetragen werden, woraus sich Freiheit dann bestimmt. Für ihn ist offene Gesellschaft vielmehr nur jene Gesellschaftsordnung, welche „die kritischen Fähigkeiten des Menschen in Freiheit setzt"[2]. Gemäß *Popper* vermögen jedoch gesellschaftliche Übereinstimmungen stets nur vorläufige Geltung zu beanspruchen. Denn sie müssen sich dem Test der Falsifizierbarkeit stellen.

Die Entwicklung des Rechtsgedankens im Abendland seit der griechischen Antike sowie die Kraft, die von der Idee der Menschenwürde (nicht zuletzt in Zusammenhang mit dem Christentum) auf die Ausbildung später der Freiheits- und Menschenrechte ausging, steht aber immer in der Spannung zwischen personalem sittlichem Bewußtsein und *übermenschlicher Geltung* von Rechtsprinzipien als sozialen Normen und verbindlichen Gütern: damit aber auch als *Werten für das Gemeinwohl* der Polis oder der Gesellschaft.

Im heute vielberufenen Begriff der „sozialen Gerechtigkeit" ist das Grundproblem, dieses Gemeinwohl als Wert *für alle* zu finden, die in der Vielfalt ihrer Interessen als Gruppen von Einzelnen zusammenleben oder -wirken. Die eine Seite des Problems ist aber die unter diesem Begriff verstandene Gleichheitsidee als Grundwert, die soziale Gerechtigkeit als *soziale Gleichheit* interpretiert, wie es im Marxismus gedacht und folglich real im sozialistischen System praktiziert wird. Die andere Seite ist die Erkenntnis, daß gerade Gleichheit nach der Idee des Rechtsstaates nur gesichert werden kann, indem das *Prinzip der Freiheit* auf *demokratische Kontrolle* und Öffentlichkeit des politischen Lebens hin abgestellt ist. Ganz aktuell hat sich die Komplexheit des Problems von pluralistischer Demokratie und sozialer Gerechtigkeit in der Entwicklung in Polen seit der Gründung der freien Gewerkschaft „Solidarität" gezeigt. In den 1981 zur Diskussion gestellten „Grundsätzen" derselben heißt es im Einleitungskapitel „Grundwerte", man strebe nach „Verwirklichung des sozialen Egalitarismus"; zugleich wird aber in Kritik am bestehenden System volle Rechtsstaatlichkeit, Öffentlichkeit des Staatslebens und freie Wahlen zwischen mehreren Kandidaten verlangt.

II. Konsens und Pluralismus

Das komplexe Pluralismusproblem im Kontext von Grundwerten, wie es an dieser Aporie von Freiheit und Gleichheit deutlich wird, verlangt also eine *philosophische Klärung*, um den Widerspruch zu lösen. Nach *Peter Paul Müller-Schmid*[3] sind es im wesentlichen drei Philosophien, „die in der gegenwärtigen Diskussion um den Pluralismus ... Aufmerksamkeit erfordern: die positivistische, die marxistische und die metaphysische". Das Pluralismusproblem stellt sich danach als Frage dar, „ob die soziale Wertordnung nur das Ergebnis frei gebildeter, vielfältigster individueller Normen sei oder umgekehrt eine den Einzelfreiheiten übergeordnete, allen verpflichtende Ordnung". Dieser philosophischen Fragestellung sucht zwar die Pluralismustheorie *Ernst Fraenkels*[4] mit einer politologischen Themenbehandlung zu entgehen. Sein Bekenntnis zum Pluralismus und zur „Legitimität divergierender Interessen" ist aber von einer *Vorentscheidung* geprägt, vom Eindruck der Offenheit der amerikanischen Gesellschaft und vom Entsetzen über den kommunistischen Totalitarismus[5].

An einem entscheidenden Punkt aber ist der *Prüfstein* für alle philosophisch basierten oder auch nur politologisch konzipierten Pluralismustheorien: nämlich an der *Frage nach dem Konsens*. Richtet sich dieser positivistisch nach Problemlösungskapazitäten oder Harmoniegläubigkeit? Richtet er sich nach einem organisatorischen Mehr an Pluralismus, (einschließlich einem Desinteresse an Weltanschauung)? Oder wird der Pluralismus im Grunde durch die Einheit von Staat und Gesellschaft wie im Marxismus im Kern verneint und an seiner Stelle die „herrschaftsfreie Gesellschaft" postuliert?

Die *Lösung* liegt im naturrechtlichen Denken der Katholischen Soziallehre, worauf schon *Götz Briefs* aufmerksam gemacht hat. Lange bevor der Begriff des Pluralismus aufgekommen sei, habe diese „pluralistischen" Charakter getragen, nämlich die „Bedeutung der *gegliederten Vielfalt in der Einheit* der Gesellschaft" betont[6]. Ein Hindernis der Erkenntnis des „natürlichen sozialen Pluralismus" *(Johannes Messner)*[7] der Katholischen Soziallehre ist die Verwechslung von Prinzipien des gesellschaftlichen Lebens ebenso wie von Wesensmerkmalen des Menschen und die folgende Normalität der menschlichen (Sozial)natur mit historischer Statik und essentialistischer Denkweise.

In seiner semantischen Begabung hat *Anton Burghardt* bei der Befassung mit der Katholischen Soziallehre[8] auf solche Aussagen verwiesen, die er „konstante" zum Unterschied von „variablen Lehrsätzen" benennt und die er auch „elementare Sätze" oder „All-Sätze" nennt, geeignet für „alle Situationen". Er bezieht sich dabei auch auf die bekannte Formulierung von *H. J. Wallraff* von der Katholischen Soziallehre als einem „Gefüge von offenen Sätzen". Er hebt diese Tatsache aber treffend ab von einer rein formalen Theorie und ebenso von einem Monismus als Leugnung des Pluralismus und von ökumenischer Offenheit. Treffend unterscheidet er „Grundsatzkonstanten und einen Orientierungsmonismus am Einzelnen" von — wie es manche Autoren auch zu vertreten scheinen — „Lehrkonstanten und einen Interpretationsmonismus"[9].

In einem kann allerdings *Burghardt* nicht voll gefolgt werden, daß nämlich die christliche Offenbarung nur eine „Lehre vom einzelnen Menschen" als „harten Kern" enthält und erst durch die Katholische Soziallehre und die naturrechtliche Sozialethik eine „Transformation von Individual- in Sozialmodelle" erfolgt wäre[10]. Hier erweist sich die soziologische Sprache doch als ungenügend, um die Verbindung von „Konstanten" oder Prinzipien der Katholischen Soziallehre mit den Kernaussagen der christlichen Offenbarung sowohl zum Sozialsein des Menschen (folglich einer theologischen Sozialanthropologie) und den sozialethischen Prinzipien in ihrem Evidenzbestand material und erkenntnistheoretisch herauszuarbeiten.

III. Konsens und Monismus

Ein erkenntnistheoretisches Grundproblem dürfte in diesem Zusammenhang das neuzeitliche Verständnis von Erfahrungen sein, anders gesagt die *Verengung der Empirie* auf Faktenanalysen. Grundwerte, darauf hat *Joachim Giers* aufmerksam gemacht[11], bezeichnen einen Komplex von „Prinzipien, Institutionen und auch verpflichtenden Haltungen im gesellschaftlichen Leben". Ein Konsensproblem in diesem Bereich aber entsteht eigentlich nur dort, wo zwischen faktischem Verhalten von Gruppen oder Interessen eine objektive Verschiedenheit besteht, die einerseits auf Anschauungen zurückgehen, die nicht harmonisierbar erscheinen und nur durch *demokratischen Kompromiß* im Sinne des Nachgebens beider Seiten lösbar sind. Dann liegt aber zumindest ein *gemeinsamer Wertbestand demokratischer Spielregeln*[12] vor, der mehr als formaler Art ist. Andererseits gibt es im gesellschaftlich monistischen Denken, also in Systemen geschlossener Gesellschaft, auch nur zeitweilig und subjektiv eine Differenz von pluralistischen Interessen und faktischem Gruppenverhalten. Diese Differenz wird z. B. im klassischen Marxismus-Leninismus (als geschlossene Ideologie) antagonistisch genannt. Ihre Auflösung wird mit sozialer und wissenschaftlicher (!) Methode nur „parteilich" für möglich gehalten, während ein Kompromiß höchstens taktisch und vorübergehend zulässig ist. Es ist bezeichnend, daß der *Marxismus-Leninismus* gar *keine* allgemeine *Kompromißlehre* entwickelt hat! Für ihn ist auch das Toleranzproblem mit der Trennung (!) von Kirche und Staat gelöst. In der Klassengesellschaft jedoch gelte es (solange es sie noch gäbe) festzustellen, *wem* die Toleranz dient.

Danach ist die Forderung zu beurteilen, ob sie im Dienste der aufsteigenden Klasse erhoben wird oder ob sie sich zugunsten einer entmachteten Klasse und ihrer überwundenen Ideologie auswirkt[13]! Folglich erkennt man richtige oder falsche Toleranz gemäß dem historischen sozialen Fortschritt und *nicht* als Gerechtigkeits- und eigentlich *Wahrheitsfrage*. Für ein Denken in Grundwerten von Mensch und Gesellschaft, aus denen die Grundrechte folgen, ist freilich die Toleranz ein Wert, der nach staatlicher Garantie grundsätzlich verlangt und nicht eine temporäre gesellschaftliche Erscheinung von relativem Wert oder Unwert[14].

IV. Konsens und Grundwerte

Dem Verständnis von (Sozial)prinzipien und institutionellen Grundwerten (z. B. Familie) in der naturrechtlichen Tradition ist aber die Auffassung inhärent, daß es sich hier um „offene" Sätze und um dem Menschen wesensgemäße Entwicklungen handelt, die nur je in sozialer und historischer Wirklichkeit faßbar werden. Diese Grundwerte sind einerseits *allgemeinmenschliche Konstanten*, andererseits nur wirklich erfaßbar vermittels der *Erfahrung* und innerhalb einer *Veränderlichkeit* im Rahmen ihres Zweckes, also in „Zweckmäßigkeit". Schon *Aristoteles* weist darauf hin, daß Erfahrung (empeiria) induktiv beginnt: „viele Erinnerungen an ein und dieselbe Sache ergäben aber die Fähigkeit *einer* Erinnerung"[15].

Es ist daher durchaus möglich, im Rahmen der Grundwerte und in Treue zur erkannten Wahrheit auf der Ebene politischer Zweckmäßigkeiten zu verschiedenen Ergebnissen zu kommen, also auch zu *echten Kompromissen*[16] und zu Konsens, *ohne* die Grundwertbasis jeweils zu verlassen. Erst ein solcher erkenntnistheoretischer und materialer Stufenbau der Grundwertwirklichkeit ermöglicht einen Pluralismus des Wertverständnisses, ohne die gemeinsame Wahrheit aufzugeben. Erst dies wäre aber auch die Voraussetzung zu einem *echten Dialog*, zu einem integralen Anstreben der ganzen Wahrheit und zu einer Erschließung aller Werte in der Vielheit der Begabungen und Kulturen. Man sieht die Bedeutung des dynamischen Naturrechtsverständnisses der Tradition für eine von vielen Differenzen und Konflikten mehr denn je bedrohte Menschheit.

Ein indirektes Zeugnis für diese ethische Konzeption des Konsenses im gesellschaftlichen Pluralismus ist die sozialwissenschaftliche neueste Befassung mit Konsenstheorien, die sich den philosophisch-anthropologischen Dimensionen des Problems offen zeigen und eigentlich die Diktion der Sozialwissenschaften auf einen wertbezogenen Normenbegriff hin öffnen. So unterscheidet *Peter Massing*[17] zwischen einem „nicht-kontroversen Sektor", einem „empirisch-normativen Consensus" und einem „normativen Minimalkonsensus". Der empirisch nachweisbare nichtkontroverse Sektor umfaßt Übereinstimmungen, die auf bewußten oder unbewußten Orientierungen beruhen (z. Tradition). Er ist nach *Massing* kein Spezifikum einer pluralistischen Gesellschaft, sondern gilt für jedes Staatswesen. Der empirisch-normative Consensus besteht aus einem Wertkodex, der demokratische Spielregeln, inhaltliche Prinzipien und regulative Ideen enthält; der normative Minimalconsensus soll abstrakte Wertprinzipien einschließen, welche die Geltung des empirisch-normativen Consensus begründet und legitimieren.

Dieser normative Minimalconsensus ist aber zugleich die Instanz, die sowohl konservatorische wie emanzipatorische Kraft in der Gesellschaft entwickelt, m. a. W. eine dynamische Konstante wie sie der sittlichen normativen Kraft des Naturrechts entspricht, ohne gesellschaftlich desintegrativ oder statisch zu wirken.

B. Folgerungen

Aus dieser Sicht lassen sich abschließend beispielhaft einige Folgerungen ziehen.

(1) Die Katholische Soziallehre ist *weder* ein System von *Leerformeln* ohne praktische Aussage *noch* ist sie eine Summe von *Handlungsanweisungen.* In ihrer Praxisbezogenheit bedarf sie des Sachverstandes und verwendet dazu u. a. sozialwissenschaftliche Methoden.

(2) Als politische oder soziale Bewegung, als Katholizismus (worauf *Anton Burghardt*[18] so verdienstvoll hingewiesen hat), *zerfällt* das Wirken der Katholiken *nicht* einfach in *Katholizismen,* auch wenn dieses nicht einfach auf eine Parteilinie gebracht werden kann.

(3) Die *rechtsmetaphysische Ebene* der Argumentation, z. B. in der Eigentumsfrage, ist nicht lösbar von *aktuellen Zweckmäßigkeitsüberlegungen,* ja vom soziologischen Faktenbefund und bis zur scheinbaren Auflösung des „Instituts"[19]. Sie hat aber ebenso ihre bleibende Bedeutung für die Verwirklichung sozialer Gerechtigkeit und den Schutz menschlicher Würde.

(4) Die Aktualität des Pluralismus liegt nicht allein in seiner Betonung der demokratisch-politischen Vielfalt der Gesellschaft, sondern (gemäß seinem natürlichen Ansatz) auch im *förderativen Prinzip des Aufbaues der Gesellschaft,* beginnend mit Schwerpunkt bei den *kleinen Gemeinschaften,* wobei der sittliche Wertgrund[20] für die Subsidiarität gleichbedeutend ist wie für das Zustandekommen eines Interessenausgleichs im Sinne eines gerechten Gemeinwohls.

Bei der Befassung mit gesellschaftlichen Grundfragen wie mit Detailproblemen stößt man also immer wieder, wie oben gezeigt werden konnte, auf die Kraft semantischer Überlegungen *Anton Burghardts,* aus denen der Soziologe ebenso spricht, wie der zutiefst im Ethischen und im Werthorizont verankerte Confessor.

[1] Vgl. *Henri Bergson:* Die beiden Quellen der Moral und der Religion. Freiburg (Walter) 1980.

[2] *Karl R. Popper:* Die offene Gesellschaft und ihre Feinde. Bd. 1: Der Zauber Platons, 6. Aufl. Bern (Francke) 1980, S. 21 (UTB 472).

[3] *Peter Paul Müller-Schmid:* Pluralismus und Wertordnung, Heft 75 der Reihe „Kirche und Gesellschaft", hrsg. von der Katholischen Sozialwissenschaftlichen Zentralstelle. Köln (Bachem) 1980, S. 3.

[4] *Ernst Fraenkel:* Das amerikanische Regierungssystem. Eine politologische Analyse, 3. Aufl. Wiesbaden (Westdeutscher Verlag) 1976.

[5] Hinter diesen Voraussetzungen, die für *Ernst Fraenkel* uneingestandenermaßen die Basis für seine Pluralismustheorie darstellen, stehen — wie sich *Arthur F. Utz* (Der unzerstörbare Kern der Naturrechtslehre, in: Rechtstheorie, Zeitschrift für Logik, Methodenlehre, Kybernetik und Soziologie des Rechts, Bd. 11 (1980), S. 285) ausdrückt — die „existentiellen Anliegen und Erwartungen der Bürger", die kritisch und als Antrieb im Staat wirken. Insoferne wirken Grundrechte nicht nur als gesatzte Rechte, sondern gehen ihnen Grundwerte voraus, die als „Erbe und Auftrag" ihre Dynamik entfalten. Siehe auch *Ernst Feil:* Grundwerte und Naturrecht, in: Stimmen der Zeit, Bd. 185 (1977), S. 651 ff.

[6] *Götz Briefs:* Artikel „Pluralismus", in: Staatslexikon, Bd. 6. Freiburg (Herder) 1961, Sp. 295 ff.

[7] *Johannes Messner:* Das Naturrecht. Handbuch der Gesellschaftsethik, Staatsethik und Wirtschaftsethik, 5. Aufl. Innsbruck, Wien, München (Tyrolia) 1966, S. 219.

[8] *Anton Burghardt:* Katholische Soziallehre. Anmerkungen zu ihren Konstanten und Variablen, in: *Alfred Klose et al. (Hrsg.):* Ordnung im sozialen Wandel. Festschrift für Johannes Messner zum 85. Geburtstag. Berlin (Duncker & Humblot) 1976, S. 43 ff.

[9] *Anton Burghardt:* Katholische Soziallehre, a.a.O., S. 60.

[10] *Anton Burghardt:* Katholische Soziallehre, a.a.O., S. 44.

[11] *Joachim Giers:* Gesellschaft und Gerechtigkeit, in: Jahrbuch für christliche Sozialwissenschaften, Bd. 20 (1981), S. 49.

[12] Vgl. dazu *Lothar Roos:* Pluralismus und Grundwerteinigung, in: *Franz Böckle und Franz J. Stegmann (Hrsg.):* Kirche und Gesellschaft heute. Franz Groner zum 65. Geburtstag. Paderborn (Schöningh) 1977, S. 155 ff.

[13] Vgl. Artikel „Toleranz", in: *Georg Klaus und Manfred Buhr (Hrsg.):* Marxistisch-Leninistisches Wörterbuch der Philosophie, Bd. 3. Reinbek (Rowohlt) 1972, S. 1087 ff. (rororo Ratgeber und Handbücher, 6157).

[14] Vgl. dazu *Oswald von Nell-Breuning:* Der Staat und die Grundwerte. Was kann die katholische Soziallehre dazu beitragen?, in: Stimmen der Zeit, Bd. 185 (1977), S. 378 ff.

[15] Metaphysik 980 b.

[16] Vgl. *Walter A. Jöhr:* Der Kompromiß als Problem der Gesellschafts-, Wirtschafts- und Staatsethik. Tübingen (Mohr-Siebeck) 1957 (Recht und Staat in Geschichte und Gegenwart, 208/209).

[17] *Peter Massing:* Interesse und Konsensus. Zur Rekonstruktion und Begründung normativ-kritischer Elemente neopluralistischer Demokratietheorie. Opladen (Leske) 1979 (Sozialwissenschaftliche Studien 15).

[18] *Anton Burghardt:* Ideologieverdacht gegen Christliche Soziallehren, in: *Alois Brusatti et al. (Hrsg.):* Soziologie und Sozialpolitik. Ausgewählte Schriften von Anton Burghardt aus Anlaß seines 70. Geburtstages. Berlin (Duncker & Humblot) 1980, S. 226 ff.

[19] Vgl. *Anton Burghardt:* Eigentumsethik und Eigentumsrevisionismus. München (Huber) 1955 sowie *Anton Burghardt:* Eigentumskontroverse und Eigentumswirklichkeit, in: *Alois Brusatti et al. (Hrsg.):* Soziologie und Sozialpolitik, a.a.O., S. 121 f.

[20] Ein Liberaler, *Denis de Rougemont* (Die Zukunft ist unsere Sache. Stuttgart (Klett-Cotta) 1980) hat hier ein treffendes Wort in seinem Plädoyer der Machtbeschränkung durch die kleinen Gemeinschaften gesagt: „Das Zentrum der Gesellschaft muß im Zentrum des Menschen liegen."

ZUR RECHTSORDNUNG

Von Otto Kimminich, Regensburg

A. Die Rechtsidee

I. Allgemein

Anton Burghardt hat die Frage untersucht, was „Katholische Soziallehre“ wesensmäßig ist, was an ihr nur zeitbedingtes, historisches Beiwerk ist und was bleiben wird und muß. Von der Rechtsordnung hat er dabei nicht ausdrücklich gesprochen. Aber die Vermutung liegt nahe, daß sich nicht nur Einzelaussagen zu verschiedenen Segmenten der sozialen und ökonomischen Ordnung, wie z. B. Eigentum, Familie, Arbeit, mittelbar auf die Rechtsordnung beziehen, sondern daß in dem Gesamtkonzept dieser Aussagen auch fundamentale Grundauffassungen bezüglich der Rechtsordnung als solcher verborgen sind. Sicher wäre es lohnend, diesem Gedanken nachzugehen. Aber zu diesem Zweck müßte das gesamte Lebenswerk *Anton Burghardts* analysiert werden. Der Ergebnisbericht über eine solche Forschungsarbeit würde den Rahmen einer Gedächtnisschrift sprengen. Der vorliegende Beitrag kann daher nur als Anregung zu weiterem Forschen gedacht sein.

In diesem eng gezogenen Rahmen ist es nicht notwendig, über den Begriff der Katholischen Soziallehre und seine Interpretation durch *Anton Burghardt* zu sprechen. Es geht nur um einige Grundzüge, die in der durchaus heterogenen Literatur zu diesem Gegenstand eindeutig hervortreten, und die, wie zu zeigen sein wird, auch bei *Anton Burghardt* zu erkennen sind. Unverzichtbar ist aber trotz — oder vielleicht gerade wegen — der Enge des Arbeitsfeldes die Besinnung auf die Grundzüge der allgemeinen Rechtsidee.

Bereits an dieser Stelle erhebt sich ein rechtsphilosophisches und erkenntnistheoretisches Problem ersten Ranges. Steckt nicht bereits in der Wahl der Methode für die Betrachtung der allgemeinen Rechtsidee ein Bekenntnis zum Ursprung, Wesen und Inhalt des Rechts? Darauf ist zu erwidern, daß zwar in der Tat die Grundeinstellung eines jeden Rechtsphilosophen in allen von ihm gefundenen Antworten auf die verschiedensten Einzelfragen erkennbar ist, daß aber trotzdem die im vorstehenden genannten drei Problembereiche unterschieden werden können, wodurch Gemeinsamkeiten hinsichtlich der Definition der Funktion des Rechts bei durchaus unterschiedlicher Auffassung über den letzten Ursprung des Rechts möglich werden.

So erklärt es sich, daß Denker, die eine nur im menschlichen Bereich liegende Begründung von Recht und Staat emphatisch ablehnen, hinsichtlich der Funktion des Rechts dennoch dieselbe Auffassung vertreten wie diejenigen, die das Recht von vornherein nur als eine Schöpfung des Menschengeistes betrachten. Hier wie dort ist die Funktion des Rechts durch die *Regelung zwischenmenschlicher Beziehungen* definiert. Insoweit ähnelt die Definition derjenigen der Volkswirtschaft. Ebenso wie *Robinson Crusoe*, solange er auf seiner Insel allein blieb, zwar Existenzsorgen, aber keine volkswirtschaftlichen Probleme hatte, so stellt sich dem einsamen Individuum nicht die Frage der Rechtsordnung. Eine Welt, in der jeder auf einer einsamen Insel lebt, würde keiner Rechtsnormen, keiner Juristen und erst recht keiner Rechtsphilosophen bedürfen. Diese simple Tatsache schafft die Gemeinsamkeit der unterschiedlichen Rechtsphilosophien und ist im Bewußtsein der Nichtjuristen ebenso vorhanden wie in dem der tiefgründigen Philosophen: „Das Wenigste, das im selbstkritisch beobachteten Bewußtsein des Menschen aufsteigt, wenn es sich in den Begriff Recht versenkt, ist der Gedanke an eine Regelung zwischenmenschlicher Beziehungen[1]."

II. Christliche Grundauffassung

Wenn nach dem christlichen Spezifikum im Rechtsdenken gefragt wird, so kann der Hinweis auf die Ableitung allen Rechts aus dem Schöpfergott nicht genügen. Zwar ist es richtig, daß nach christlicher Auffassung Gott „nicht der ontologisch nächste, doch der absolut letzte Grund, die eigentliche Quelle allen Rechts" ist[2]. Aber die metaphysische Rechtsbegründung teilt das Christentum mit anderen Religionen. Die enge Verknüpfung von Gottesglauben und Rechtsüberzeugung, die beim Studium alter Kulturen immer wieder zutage getreten war, führte sogar zu der gegen Ende des 19. Jahrhunderts durchaus herrschenden Meinung, „daß das Recht seinen Ursprung in der Religion habe"[3]. Freilich können Unterschiede zwischen der Rechtsauffassung des Christentums und derjenigen anderer Religionen aus zahlreichen theologischen Einzelheiten abgeleitet werden. Hierzu gibt es eine umfangreiche Literatur. Aber die Grundzüge des spezifisch Christlichen lassen sich mit Hilfe zweier Gedanken skizzieren, die das Christentum deutlich von allen anderen Religionen abheben: (1) die Auffassung vom *Menschen* als *Ebenbild Gottes;* (2) die Auffassung vom Menschen als Kind Gottes, oder mit anderen Worten: die Vorstellung vom *liebenden Gott.*

Der erste Gedanke scheint für das Rechtsdenken leichter fruchtbar gemacht werden zu können als der letztere. Diesen Anschein erweckt jedenfalls die gesamte Literatur der Neuzeit. Besonders die protestantische Rechtsphilosophie hat, der Grundtendenz der Reformation folgend, die Reflexion über die Stellung des Menschen in der Schöpfungsordnung in den Mittelpunkt ihrer Überlegungen gestellt. „Das protestantische Rechtsdenken ist nicht primär am Recht als solchem, sondern am Menschen vor Gott im Lebensraum des Rechts ausgerichtet ... Die Formel ‚Rechtfertigung und Recht' blickt auf ihn. Mit dem Stichwort ‚Rechtfertigung' ist die Aussage über den ‚wirklichen' Menschen und über die ihm entsprechende Form des mitmenschlichen Daseins bezeichnet. Der wirkliche Mensch, das ist der von Gott in sein Menschsein nach dem Ebenbild Gottes, nach Christus, gerufene, der dadurch aus seiner Selbstbezogenheit abberufene, befreite Mensch, der Gott wieder zugewandte und damit zugleich dienend dem Mitmenschen zugewendete Mensch[4]."

Damit ist auch der Vorwurf entkräftet, das Christentum berücksichtige die soziale Natur des Menschen zu wenig und konzentriere sich ganz auf das Individuum. Die „gesellschaftliche Indifferenz der Urkirche", die auch *Anton Burghardt* beklagt hat[5], ist alles andere als eine Negation des von *Aristoteles* so treffend umschriebenen „politischen" Wesens des Menschen. Zwar ist es richtig, daß das Evangelium kein politisches Manifest ist, und daß auch die mittelbaren politischen Konsequenzen, die aus den Formulierungen des Neuen Testaments zu ziehen sind, nicht leichthin fixiert werden können. Die Tatsache, daß einerseits die Liebesgemeinschaft der Urkirche als Kommunismus betrachtet worden ist, andererseits die Ermahnung des *heiligen Paulus,* die Sklaven mögen in ihrem Stand bleiben, als reaktionärer Konservatismus gedeutet wurde, beweist das zur Genüge[6]. Aber daraus folgt lediglich, daß an die Herausarbeitung solcher Konsequenzen nur mit *größter Vorsicht* herangegangen werden darf. Wer das Evangelium für seine politischen Zwecke mißbrauchen will, wird es stets leicht haben. Wer aber aus ihm eine Richtschnur für politisches Handeln in einer konkreten Situation ableiten will, muß sich in jedem Einzelfall die Mühe machen, bis auf den *Kern der Botschaft Christi* vorzudringen, um von ihm aus alle weiteren Gedanken zu entwickeln.

Genau so ist *Anton Burghardt* vorgegangen. Eine seiner wesentlichsten Erkenntnisse ist in dem Satz umschlossen: „Die Katholische Soziallehre entstammt dem harten Kern originär-christlichen Lehrgutes; sie ist vor allem ein wesentlicher Bestandteil der christlichen Lehre vom einzelnen Menschen, seinem Sollverhalten und den humanen Bedingungen, die vorgegeben sein müssen, damit der einzelne sich im Sinn christlichen Lehrgutes verhalten kann[7]." An dieser Stelle ist zu ergänzen, daß das Christentum von Anfang an den Menschen auch in seiner Sozialbezogenheit gesehen hat, ihn also nicht aus der menschlichen Gemeinschaft herauslösen wollte. Es hat nur diese Gemeinschaft im Lichte einer wahrhaft neuen Ethik neu definiert. Die *Individualbezogenheit* des christlichen Menschenbildes, von der im vorstehenden die Rede gewesen ist, bezieht sich auf die Verantwortung des einzelnen gegenüber Gott. Das ist die eine christliche Grundauffassung, die es überall zu beachten gilt, wenn von Recht und Macht, Politik und Staat die Rede ist: Der *einzelne* trägt in jedem Fall Verantwortung gegenüber Gott, und diese *individuelle Verantwortung* besteht auch trotz des Eingefügtseins des einzelnen in politische, soziale und wirtschaftliche Strukturen, trotz des Umschlossenseins der individuellen Existenz von einer bestimmten Rechtsordnung, trotz der Einordnung des einzelnen in eine Befehlshierarchie, trotz genetischer und umweltbedingter Einflüsse.

Die zahlreichen Konsequenzen für das Rechtsdenken, die sich aus dieser Grundhaltung ergeben — bis hin zur Ablehnung des Begriffs der Kollektivschuld im Völkerrecht —, können hier nicht einmal angedeutet werden. Hier muß es genügen, auf diesen Grundgedanken mit Nachdruck hinzuweisen. Nicht Regierungen, nicht Völker, nicht Staaten stehen vor Gottes Richterstuhl, sondern *immer nur der einzelne*. Das ist das unerschütterliche Fundament christlicher Auffassung, auch wenn wir niemals mit Sicherheit wissen werden, nach welchen Maßstäben Gott richtet. Wir wissen jedenfalls, daß der Hinweis auf Parteiprogramme, politische Ziele, Reformideen, institutionelle Zwänge und was dergleichen sonst noch im Alltag der menschlichen Geschichte vorgebracht zu werden pflegt, uns von jener letzten Verantwortung nicht befreien kann.

So ist wohl der Satz zu verstehen, den *Anton Burghardt* unmittelbar an den Hinweis auf den „harten Kern originär-christlichen Lehrgutes" anschließt: „Die Verhaltensmodelle des Evangeliums sind nur Individualmodelle. ... Die Katholische Soziallehre stellt dagegen eine Transformation von Individual- in Sozialmodelle dar." Die Katholische Soziallehre ist kein Gegengewicht zu den Individualmodellen des Evangeliums, keine Extrapolation in einen vom Evangelium nicht erfaßten Freiraum, sondern der Versuch, aus jenem „harten Kern" der christlichen Grundauffassung *konkrete Handlungsrichtlinien* für denjenigen menschlichen Tätigkeitsbereich abzuleiten, den wir als den „sozialen" im weitesten Sinne bezeichnen.

III. Katholische Standpunkte

Es wäre absolut vermessen, in wenigen Sätzen die katholischen Standpunkte umreißen zu wollen, um deren Herausarbeitung sich die Päpste in zahlreichen Enzykliken und Rundschreiben ebenso wie eine große Schar von hervorragenden Denkern vieler Jahrhunderte und aller Nationen in zahllosen Schriften bemüht haben. Auch mag die Unterscheidung zwischen einer christlichen Grundauffassung und einem spezifisch katholischen Standpunkt zumindest zweifelhaft erscheinen. Selbstverständlich muß jeder *katholische* Standpunkt einer *christlichen* Grundauffassung entsprechen. Und die Frage der Unterscheidung zwischen katholischen und evangelischen Standpunkten in Bezug auf die Rechtsordnung soll und kann hier nicht erörtert werden. Vielleicht wäre es angebracht, evangelische Mitchristen um Verzeihung dafür zu bitten, daß der zweite der neuen Gedanken, die das Christentum in die Weltgeschichte hineingetragen hat, unter der Überschrift „katholische Standpunkte" erörtert wird. Die Einordnung rechtfertigt sich — wenn überhaupt — nur durch den Zwang zur Verkürzung und durch die Notwendigkeit, die Untersuchung auf einige wesentliche Aussagen der sogenannten Sozialenzykliken, mit denen sich auch *Anton Burghardt* auseinandergesetzt hat, zu beschränken.

Die zweite große Idee des Christentums ist die *Liebe*. Diese Erkenntnis ist so sehr Allgemeingut, daß sie hier nicht weiter belegt zu werden braucht. Aber gerade deshalb ist die weitere Erkenntnis, die es hier zu vermerken gilt, um so betrüblicher und erschreckender: Während die Konsequenzen aus der Gottesebenbildlichkeit des Menschen und der letztlichen Ableitung allen Rechts und aller Staatsgewalt aus Gott in der juristischen Literatur starke Beachtung gefunden hat, kann dies von dem Begriff der Liebe nicht gelten. Auch bei denjenigen Autoren, die von der Historiographie der Rechtswissenschaft als „christlich" eingestuft werden, spielt jener christliche Zentralbegriff in der Regel nur eine untergeordnete Rolle. Eine rühmliche Ausnahme hiervon bildet nur *Günther Küchenhoff*[8].

Seit dem zweiten Vatikanischen Konzil, das nach Meinung vieler eine „Hinwendung zum Menschen" gebracht hat, ist häufig die Meinung vertreten worden, nunmehr sei endlich der richtige Weg des Menschen zu Gott gefunden worden, nämlich der *Weg über die Nächstenliebe*. Verschiedene Textstellen des Neuen Testaments sind bemüht worden, um zu zeigen, daß der Weg zu Gott über die Liebe zum Mitmenschen führen muß. Aber in gewissem Sinne ist es *genau umgekehrt*, wie schon in der Urkirche erkannt worden ist. Die Liebe des Menschen zum Menschen ist nichts Neues. *Christus* war nicht der erste, der sie gepredigt hat. Neu war und ist vielmehr nur die Vorstellung vom liebenden Gott. Mit anderen Worten: wenn in dem hier gemeinten Zusammenhang von Liebe die Rede ist, so muß der Ausgangspunkt aller Überlegungen *die Liebe Gottes zu den Menschen* als seinen „Kindern“, d. h. den nach seinem Ebenbild geformten Geschöpfen stehen. Ihr entspricht in ganz natürlicher Weise die Liebe zu ihrem Schöpfergott, den sie als Vater bezeichnen dürfen.

Aus dieser wechselseitigen Liebe, die alles überwindet — wie schon die Kirchenväter erkannt haben und wie es unzählige Menschen in den Augenblicken des tiefsten Leides erfahren haben —, entsteht wiederum in natürlicher Weise *die Liebe zum Nächsten*, der ja ohne Rücksicht auf Hautfarbe, Geschlecht, Rasse und Religion auch ein Kind Gottes nach dessen Ebenbild ist. Die Pflicht zur Nächstenliebe ist also ganz einfach in der Gotteskindschaft aller Menschen begründet. Es wäre ganz unmöglich, alle Menschen um ihrer selbst willen zu lieben. Aber es ist möglich und notwendig, für den Christen sogar selbstverständlich, alle Menschen um Gottes Willen zu lieben. Also wird es doch wohl so sein, daß der *Weg zum Mitmenschen über Gott* führt und n i c h t umgekehrt der Weg zu Gott über den Mitmenschen.

Ein derartiges christliches Verständnis der Liebe ist geeignet, den scheinbaren Widerspruch aufzulösen, der nach einer weit verbreiteten Meinung zwischen Recht und Liebe besteht. Aus dem 19. Jahrhundert wird berichtet, daß streikende Arbeiter eine caritative Geste ihres Fabrikherrn mit dem zornigen Kampfruf zurückwiesen: „Wir wollen keine Nächstenliebe, wir wollen Gerechtigkeit.“

In diesem Kampfruf wird der Liebe nicht das Recht, sondern die *Gerechtigkeit* gegenübergestellt. Auch über das Verhältnis zwischen Recht und Gerechtigkeit sind Bibliotheken geschrieben worden, und der Jurist ist immer wieder erschrocken, mit welcher Leichtigkeit Nichtjuristen Recht und Gerechtigkeit miteinander identifizieren. Hier ist nicht der Ort, die zahlreichen Irrwege aufzuzeigen, die bei solchen Überlegungen möglich sind. Daß eine Identifizierung von Recht und Gerechtigkeit nicht den Realitäten unserer Welt entsprechen kann, ergibt sich schon aus der Tatsache, daß die Gerechtigkeit ein *absoluter Begriff* ist, dessen Verwirklichung in der von Unvollkommenheiten beherrschten Welt niemals gelingen wird. Dementsprechend hat auch das Bundesverfassungsgericht den Rechtsstaat nicht etwa definiert als einen Staat, in dem die Gerechtigkeit verwirklicht ist, sondern als einen Staat, in dem alle Träger der Staatsgewalt ausnahmslos und unverbrüchlich zum *Streben nach der Verwirklichung der Gerechtigkeit* verpflichtet sind[9].

Aber ebenso falsch wäre es, deshalb die Gerechtigkeit nur als ein Idealbild oder gar eine Utopie zu betrachten, nach der zu streben angesichts der Unvollkommenheit der Welt von vornherein sinnlos ist. Emphatisch hat sich vor allem *René Marcic* gegen diesen Irrtum gewandt und immer wieder festgestellt: „Die Gerechtigkeit ist die Entschlossenheit der Menschen, sich so zu verhalten, wie das Recht es anzeigt und fordert. Gerechtigkeit ist bewußte und existentiell mitvollzogene Pflege und Hege des Rechts[10]."

Schwieriger ist die vermeintliche Antinomie zwischen Gerechtigkeit (Recht) und Liebe aufzulösen. Wenn statt Liebe Recht gefordert wird, so steht dahinter die Überzeugung, daß das Recht die Ansprüche des einzelnen besser sichert als die nur emotional fundierte Liebe. Aber der Gegensatz zwischen Recht und Liebe wird zuweilen auch anders gesehen: „Die Menschen haben kein so inniges Bestreben wie das, unmenschlich zu sein, und das unter dem Vorgeben, gerecht, oder schlimmer, sachlich zu sein[11]." *Gottlieb Söhngen* hat dieses Zitat in zwei Aussagen zerlegt: „1. Gerecht sein heißt für den Menschen sachlich sein wollen. 2. Sachlich sein müssen heißt unmenschlich werden; Sachlichkeit geht nicht zu ohne Unmenschlichkeit, ohne jene Unmenschlichkeit der Sachlichkeit, in der die Menschen jedoch ganz Menschen zu sein glauben[12]."

Söhngen geht diesen Gedankengängen bis in ihre letzten Verästelungen nach und kommt (als Theologe) zu dem von Juristen längst gefundenen Ergebnis, daß es ohne „Form und Geist der Sachlichkeit keine Rechtssicherheit" geben kann. Dann aber spricht er von der „Sachlichkeit der göttlichen Liebe" und er geht zurück bis zur Scholastik, um nachzuweisen, daß das Christentum längst die berühmte Frage von *Nietzsche* — „Sagt, wo findet sich die Gerechtigkeit, welche Liebe mit sehenden Augen ist?" — beantwortet hat: in der christlichen Grundauffassung von dem nach *Gottes Ebenbild* geschaffenen Menschen, der als Individuum *Verantwortung* trägt für sein Handeln, das auch ein Handeln für seine *Mitmenschen* ist und das von der *Sachlichkeit des Rechts* geprägt sein muß, wenn es vor Gottes Gericht Bestand haben soll. In Anlehnung an die Mahnung *Christi*, daß derjenige, der sein Leben zu gewinnen trachtet, es verlieren wird, während derjenige der es um *Christi* Willen verliert, es gewinnen wird, meint *Söhngen:* „Wer sich an die Sachlichkeit hingibt, der wird seine Persönlichkeit gewinnen und seine Mitpersonen aufbauen, er wird auch Recht und Gerechtigkeit verwirklichen als Dienst an der Persönlichkeit auf dem Weg der Sachlichkeit des Rechts und der Rechtlichkeit[13]."

Dieser zutiefst katholische Standpunkt scheint in den großen Sozialenzykliken der Päpste seit „Rerum novarum" und in zahlreichen Rundschreiben immer wieder auf. Zwar steht dort nicht das Recht als solches, sondern die rechte Ordnung der zwischenmenschlichen Beziehungen in den verschiedenen Bereichen und auf den verschiedenen Ebenen im Vordergrund, aber die für die Rechtsordnung maßgebende Grundidee tritt klar hervor: Der Mensch ist n i c h t um der Gemeinschaft Willen da, sondern die Gemeinschaft ist auf die Bereicherung und Erfüllung der Person hin geordnet. In der Enzyklika „Pacem in terris" vertiefte *Johannes XXIII.* den Gedanken, daß die Rechte des einzelnen, insbesondere der Grundsatz, daß „jeder Mensch das Verfügungsrecht über seine Person hat", im Mittelpunkt einer jeden Rechtsordnung stehen müssen. Mit dieser Grundhaltung nimmt die katholische Rechtstheorie einen *mittleren Standpunkt* zwischen den Extremen des Individualismus und des Kollektivismus ein und steht zumindest in der Nähe derjenigen Position, die in der Rechtsphilosophie als „Personalismus" bezeichnet wird.

B. Die Rechtsetzung

I. Die Idee des überpositiven Rechts

Das Bekenntnis zu einer Rechtsauffassung, nach der das Recht die Funktion hat, die zwischenmenschlichen Beziehungen zu ordnen, ist nicht gleichbedeutend mit der Überzeugung von der Allmacht irgendeines irdischen Gesetzgebers. „Kein wie immer geartetes Recht, das erzeugt wird, gesetzt oder erlassen wird, wird in einem gleichsam rechtsleeren, rechtsfreien, rechtlosen Raum, aus dem Nichts erschaffen; immer und immer geschieht Rechtsetzung auf einem bereits aufgerissenen Feld des präpositiven (vorausgesetzten und ungesetzten) Rechts[14]." Es ist kein Zufall, daß dieses Zitat von demjenigen Rechtsphilosophen stammt, der in der Literatur immer wieder als einer der hervorragendsten Vertreter katholischer Auffassungen gerühmt worden ist. Es ist *René Marcic*, der es im Rahmen einer Darstellung des Rechtsetzungsprozesses geprägt hat. Er verweist dabei zunächst auf die dem Gesetzgeber vorgegebene höherrangige Normenordnung der Verfassung und hebt dann hervor, daß auch der Verfassungsgeber letztlich nur präpositives Recht vollzieht, und zwar „letztlich Seinsrecht (Naturrecht)". Damit ist ein Wort gefallen, das die deutsche Verfassungsrechtsprechung, die an sich dieselbe Auffassung vertritt, sorgfältig vermeidet: Naturrecht.

Da das Naturrecht historisch nicht nur in christlicher Form aufgetreten ist, sondern auch in der Variante der Aufklärung, und da im Laufe der Zeit zahlreiche Spielarten hinzugekommen sind, kann der Begriff *Naturrecht* nicht mehr ohne erklärenden Zusatz verwendet werden. So bevorzugt die Verfassungsrechtsprechung ebenso wie der Großteil der staatsrechtlichen Literatur der Gegenwart den blassen unterschiedslosen Begriff des „überpositiven Rechts", um diejenige Ebene von Rechtsnormen zu kennzeichnen, die über dem positiven (d. h. sowohl über dem gesetzten, geschriebenen als auch über dem gewohnheitsrechtlich entstandenen, ungeschriebenen) Recht steht. Zu dieser Idee bekennen sich nicht nur die Verfechter des — wie auch immer gearteten — Naturrechts, sondern letztlich auch diejenigen, die lautstark ihre Abneigung gegen das Naturrecht verkünden. Denn wo immer eine positive Rechtsetzung mit historischen Gesetzmäßigkeiten, gesellschaftlichen Notwendigkeiten, globalen Prinzipien oder ideologischen Richtlinien begründet wird, da liegt letztlich ein *Rekurs auf überpositives Recht* vor. Solche Begründungen aber sind die Regel. Wo lassen sich Beispiele dafür finden, daß eine Diktatur oder eine Parlamentsmehrheit unverblümt erklärt, sie setze das Recht so und nicht anders, weil sie nun eben die Macht oder Mehrheit besitzt? Längst ist auch der Irrtum widerlegt, „daß die Funktionen der Begründung und der Setzung von Normen vollständig entkoppelt seien"[15].

Die Erkenntnis des überpositiven Rechts ist allerdings sehr unterschiedlich. Hier verlassen wir den Bereich des wissenschaftlich Nachprüfbaren und treten ein in den Bereich der Axiome und Glaubenssätze. Aber das ist k e i n e Besonderheit der Katholischen Soziallehre, sondern gilt für *alle* Rechtsbegründungen. Sie alle lassen sich nur auf dem *Fundament eines Wertsystems* aufbauen, dessen letztliche Verankerung im Transzendentalen liegt. Das hat die seit der Mitte der siebziger Jahre in der Bundesrepublik Deutschland geführte Grundwertedebatte mit aller Deutlichkeit gezeigt[16].

II. Nachprüfbarkeit der Rechtsnormen

Anton Burghardt hat darauf hingewiesen, daß es in der Katholischen Soziallehre konstante und variable Aussagen gibt. Das bedeutet, daß aus dem „harten Kern" des christlichen Lehrgutes heraus, der zu allen Zeiten unverändert bleibt, Rechtsnormen abgeleitet werden können, die nur für bestimmte historische Situationen gelten und in anderen Situationen obsolet werden. Von diesem Problem des Wandels wird im folgenden Abschnitt zu sprechen sein. Hier soll vor allem der wichtigste unwandelbare Grundsatz für die Gestaltung der Rechtsordnung hervorgehoben werden. Es ist der Gedanke der Meßbarkeit positiver Rechtsnormen an höherrangigem Recht.

Schon *Thomas von Aquin* hat die der christlichen Rechtsauffassung entsprechende Normenhierarchie dargestellt. Sie ist dreistufig. Auf der obersten Stufe steht die *lex divina vel voluntas Dei,* das göttliche Recht oder der Wille Gottes. Unter ihm steht die *lex naturalis,* das Naturrecht, das in der menschlichen Ordnung jenen göttlichen Willen verwirklicht. Unterhalb des Naturrechts steht die *lex positiva,* das positive Recht, das vom Gesetzgeber der einzelnen Staaten erlassen wird oder sich durch die von der Rechtsüberzeugung getragene Gewohnheit entwickelt, um das Naturrecht auszugestalten und den jeweiligen Verhältnissen anzupassen. Damit ist gleichzeitig ein *Maßstab für die Nachprüfung der Normen* gewonnen. Das positive Recht wird am Naturrecht gemessen; entspricht es diesem nicht, so wird ihm die Gültigkeit abgesprochen. Das Naturrecht aber steht seinerseits unter dem göttlichen Recht, an dem es zu messen ist. Dadurch unterscheidet sich das christliche Naturrecht der Scholastik wesentlich von dem Naturrecht der Aufklärung, das nicht mehr unter einer höherrangigen Norm steht, sondern selbst die höchste Normenebene darstellt.

Unter diesem Aspekt kann die rechtsphilosophische Entwicklung der ganzen Neuzeit als *fortschreitender Abbau* des dreistufigen Systems des *Thomas von Aquin* gesehen werden. Die Aufklärung beseitigte die oberste Stufe, wodurch das nunmehr als reines Vernunftrecht begriffene Naturrecht als alleiniger Prüfungsmaßstab der positiven Normen übrig blieb. Der Rechtspositivismus des 19. Jahrhunderts beseitigte auch diesen Prüfungsmaßstab und war damit bei dem Prinzip angelangt, daß *alle* vom Gesetzgeber nach den vorgeschriebenen Verfahrensregeln erlassenen Normen auch „Recht" seien. Die unterste Stufe war damit zugleich zur obersten geworden, die Möglichkeit einer Nachprüfung der Gesetze bestand nicht mehr, Gesetz und Recht wurden als identisch betrachtet.

Diese Auffassung widerspricht zutiefst christlichem Rechtsdenken. Unwandelbar steht durch die Jahrhunderte die Forderung, daß der Gesetzgeber — ganz gleich ob dies eine demokratisch gewählte Körperschaft oder ein nach den Hausgesetzen einer Monarchie legitimierter Herrscher ist — nur in dem von *höherrangigen Normen gezogenen Grenzen* Recht setzen darf. Im demokratischen Rechtsstaat engt sich dieses Problem zunächst auf die Frage der Verfassungsmäßigkeit von Gesetzen ein. Daß damit aber stets auch die weitergehende Frage nach dem der Verfassung *übergeordneten Rechtssätzen* zusammenhängt, hat das Bundesverfassungsgericht wiederholt ausgeführt, wenn es immer wieder darauf hinwies, daß das Grundgesetz eine wertgebundene Ordnung aufgerichtet hat, „die den einzelnen Menschen und seine Würde in den Mittelpunkt aller seiner Regelungen stellt". Im Urteil vom 25. 2. 1975 hat es dazu erklärt: „dem liegt die Vorstellung zugrunde, daß der Mensch in der Schöpfungsordnung einen eigenen selbständigen Wert besitzt. ... Diese Grundentscheidung der Verfassung bestimmt Gestaltung und Auslegung der gesamten Rechtsordnung. Auch der Gesetzgeber ist ihr gegenüber nicht frei"[17].

III. Das Recht im Wandel

Gegen diese die Gestaltungsfreiheit des Gesetzgebers einschränkende Grundauffassung ist in jüngster Zeit wiederholt der Vorwurf erhoben worden, sie stelle einen *unerträglichen Wertrigorismus* dar und behindere allseits gewünschte Reformen[18]. Aber dieser Vorwurf ist weder im Bezugsrahmen der Rechtsprechung des Bundesverfassungsgerichts noch in demjenigen des katholischen Rechtsdenkens gerechtfertigt. Unmißverständlich hat *Pius XII.* in seiner Ansprache vom 14. 10. 1955 die in der Katholischen Soziallehre bereits vorher anerkannte Unterscheidung zwischen *unwandelbarem* und *wandelbarem* Naturrecht dargelegt. Die gewandelten oder sich wandelnden Verhältnisse seien nicht nur soziologisch interessant, sondern auch rechtlich bedeutsam, und zwar in dem Sinn, daß die Wandlung der Verhältnisse „neue Formen naturrechtlicher Postulate" begründet[19].

Im demokratischen Rechtsstaat ist die *Verfassungsänderung* das vornehmste Mittel der Anpassung des Verfassungsrechts an gewandelte Wertvorstellungen. Daß hierfür eine qualifizierte Mehrheit der gesetzgebenden Körperschaften gefordert wird, ist keineswegs Ausdruck eines inhärenten Konservativismus, sondern eine im Wesen des Rechtsstaats angelegte Selbstverständlichkeit, die sich in allen vergleichbaren Verfassungen findet. Denn auch eine geringfügige Änderung der zugrundeliegenden Wertordnung und der auf ihr beruhenden Verfassungsnormen bewirkt *tiefgreifende Veränderungen* des gesamten Staatsgefüges, die, von einem breiten Konsens getragen, sorgfältig bedacht und behutsam durchgeführt werden müssen, um nicht die Existenz des staatlichen Gemeinwesens zu gefährden.

Ohne Änderung des Textes der Verfassung kann dieser Rahmen für die gesamte Rechtsordnung auch im Wege der Verfassungs*anwendung* und Verfassungs*interpretation* an gewandelte Verhältnisse angepaßt werden. Hierzu sind diejenigen berufen, die als „Hüter der Verfassung" fungieren, d. h. in erster Linie die Organe der Verfassungsgerichtsbarkeit, denen damit zugleich die Aufgabe übertragen worden ist, den Wandel der gesellschaftlichen Auffassungen zu beobachten. Stellen sie einen solchen Wandel fest, so haben sie ihn bei der Interpretation verfassungsrechtlicher Normen zu berücksichtigen. Aber eine derartige Gestaltung der Verfassungswirklichkeit ist nur dort zulässig, wo es um die Anwendung *auslegungsfähiger* und *auslegungsbedürftiger Verfassungsnormen* geht. Diese *Grenze* ist in der Verfassung selbst vorgesehen, und sie ist notwendig, um den rechtsstaatlich-demokratischen Mechanismus der Verfassungsänderung funktionsfähig zu erhalten. Die Verfassungsgerichtsbarkeit kann sich über diese Grenze nicht hinwegsetzen. Deshalb hat auch das Bundesverfassungsgericht in seinem bereits zitierten Urteil vom 25. 2. 1975 ausgeführt: „Gesellschaftspolitische Zweckmäßigkeitserwägungen, ja staatspolitische Notwendigkeiten können diese verfassungsrechtliche Schranke nicht überwinden. Auch ein allgemeiner Wandel der hierüber in der Bevölkerung herrschenden Anschauungen — falls er überhaupt festzustellen wäre — würde daran nichts ändern können[20]."

Auf den ersten Blick erscheint dies in der Tat als eine geradezu unerhörte Freiheitsbeschränkung. Aber bei näherer Betrachtung zeigt sich, daß der Rekurs auf unwandelbare Grundwerte nicht freiheitsbedrohend, sondern *freiheitsschützend* ist. Die Grundwerte sichern nämlich den Wertungsablauf. Auf diesen Zusammenhang hat *Fikentscher* hingewiesen. Er geht von der Erkenntnis aus, daß menschliche Wertungen „von Natur aus" majorisierbar sind, aber durch die Majorisierung ihren Wertcharakter verlieren. „Sie behalten ihn jedoch, wenn man nicht majorisierbare Werte hinzufügt, das Werturteil durch ein Grundwerturteil absichert. In einem Satz: Aus dem Charakter des Sollens als Maßstab des Seins folgt notwendig eine Grundrechtsdemokratie als diejenige gesellschaftliche Ordnung von Menschen, in der man grundsätzlich frei werten kann, Grundwerte aber dafür sorgen, daß auch künftig frei gewertet werden kann[21]."

Die Parallelen und Übereinstimmungen dieser Ausführungen mit dem, was *Anton Burghardt* über die Funktion der Konstanten und Variablen in der Katholischen Soziallehre gesagt hat, sind nicht zufällig. Hier wie dort geht es um die Freiheit des einzelnen, die nicht als Herrschaftslosigkeit oder Zügellosigkeit begriffen wird, sondern als Voraussetzung und Korrelat der Verantwortung, die der einzelne trägt. Im Bezugsrahmen der Katholischen Soziallehre ist es letztlich eine Verantwortung vor Gott, im weltlichen Staat geht die Korrelation von Macht und Verantwortung nicht über die Grenzen des verfaßten Gemeinwesens hinaus. Aber hier wie dort wird jener durchgängige, unverbrüchliche Zusammenhang zwischen Freiheit und Verantwortung des einzelnen ebenso sichtbar wie die unterschiedliche Funktion konstanter und variabler Prinzipien der Rechtsordnung. Die Konstanten *begrenzen* den Wandel dort, wo er zur Zerstörung des Gemeinwesens und der Freiheit des einzelnen führen würde; sie *ermöglichen* ihn dort, wo er die Freiheit und Selbstverwirklichung des einzelnen unter gewandelten gesellschaftlichen Bedingungen fördert und zur Entfaltung bringt.

[1] *Günther Küchenhoff:* Rechtsbesinnung. Eine Rechtsphilosophie. Göttingen (Schwartz) 1973, S. 21.

[2] *René Marcic:* Artikel „Recht", in: *Alfred Klose* (Hrsg.): Katholisches Soziallexikon. Innsbruck, Wien, München (Tyrolia) 1964, Sp. 909.

[3] *E. Adamson Hoebel:* Das Recht der Naturvölker. Eine vergleichende Untersuchung rechtlicher Abläufe. Olten, Freiburg (Walter) 1968, S. 323, unter Berufung auf *Henry S. Maine:* Ancient Law. Its Connection with the early History of Society and its Relation to modern Ideas, 3. Aufl. New York (Holt) 1879.

[5] *Ernst Wolf:* Artikel „Recht", in: *Hermann Kunst und Siegfried Grundmann (Hrsg.):* Evangelisches Staatslexikon. Stuttgart, Berlin (Kreuz-Verlag) 1966, Sp. 1647.

[5] *Anton Burghardt:* Katholische Soziallehre. Anmerkungen zu ihren Konstanten und Variablen, in: *Alfred Klose et al. (Hrsg.):* Ordnung im sozialen Wandel. Festschrift für Johannes Messner zum 85. Geburtstag. Berlin (Duncker & Humblot) 1976, S. 44.

[6] Vgl. *Richard Hauser:* Was des Kaisers ist. 10 Kapitel christlicher Ethik des Politischen. Frankfurt (Knecht) 1968, S. 11 ff.

[7] *Anton Burghardt:* Katholische Soziallehre, a.a.O., S. 44.

[8] Vgl. *Günther Küchenhoff:* Naturrecht und Liebesrecht, 2. Aufl. Hildesheim (Olms) 1962.

[9] Vgl. beispielsweise das Urteil des Bundesverfassungsgerichts vom 30. 7. 1954, BVerfGE 4, 7.

[10] *René Marcic:* Mensch, Recht, Kosmos. Drei Gedankenwege ins Dasein. Wien (Europaverlag) 1965, S. 45 (Europäische Perspektiven).

[11] *Albrecht Schaeffer*, zitiert nach *Gottlieb Söhngen:* Grundfragen einer Rechtstheologie. Salzburg, München (Pustet) 1962, S. 130 (Bücherei der Salzburger Hochschulwochen).

[12] *Gottlieb Söhngen:* Grundfragen einer Rechtstheologie, a.a.O., S. 131.

[13] *Gottlieb Söhngen:* Grundfragen einer Rechtstheologie, a.a.O., S. 159.

[14] *René Marcic:* Mensch, Recht, Kosmos, a.a.O., S. 46.

[15] *Jürgen Habermas*: Der Ansatz von Habermas, in: *Willi Oelmüller und Hans M. Baumgartner (Hrsg.):* Transzendentalphilosophische Normenbegründungen. Materialien zur Normendiskussion. 1. Paderborn (Schöningh) 1978, S. 130 (UTB 779).

[16] Vgl. *Otto Kimminich:* Staatsverfassung und Grundwerte. Paderborn (Schöningh) 1979 (Fragenkreise für die Oberstufe der höheren Schulen).

[17] BVerfGE 39, 67.

[18] Vgl. *Erhard Denninger:* Freiheitsordnung — Wertordnung — Pflichtordnung, in: Juristenzeitung, Bd. 30 (1975), S. 547 f.

[19] Vgl. hierzu *Eberhard Welty:* Pius XII., in: *Eberhard Welty (Hrsg.):* Die Sozialenzyklika Papst Johannes' XXIII. Mater et magistra. Freiburg (Herder) 1961, S. 42 ff.

[20] BVerfGE 39, 67.

[21] *Wolfgang Fikentscher:* Methoden des Rechts in vergleichender Darstellung, Bd. 4: Dogmatischer Teil. Tübingen (Mohr-Siebeck) 1977, S. 402.

ZUR STAATSORDNUNG

Von Herbert Schambeck, Linz

Der *Staat* ist für die katholische Kirche *von zweifacher Bedeutung*. Zum einen handelt es sich beim Staat um eine politische Organisation, von welcher sich die Kirche als Glaubensgemeinschaft abgrenzt[1], zum anderen um jenen *Bereich* des öffentlichen Lebens, in dem die Menschen leben, an welche sich die Heilsbotschaft Christi und der Sendungsauftrag der Kirche richtet[2]. Aus diesen Gründen ist der Staat für die Kirche von pastoralem Interesse.

Die *pastorale Aufgabe der Kirche*, sich mit dem Staat auseinanderzusetzen, findet ihre Möglichkeiten in der Heiligen Schrift und der Fortentwicklung der katholischen Lehre, insbesondere der Päpste, die herausgefordert durch die Erscheinungsformen des Staates, gerade in den letzten Jahrhunderten, sich mit nahezu allen Grundfragen der Politik und damit auch der Grundordnung des Rechts im Staat auseinanderzusetzen hatten.

A. Begründung und Stellung des Staates aus katholischer Sicht

Die Heilige Schrift weist *keine Eschatologie des Staates*, seiner Politik und seines Rechtes auf. Es sind bloß Ansätze zu einer christlichen Lehre vom Staat gegeben[3], welche in päpstlichen Lehräußerungen und von Theologen eine allmähliche Weiterentwicklung erfahren haben.

Ausgangspunkt der katholischen Lehre vom Staat ist die Schöpfung Gottes, in welcher die Menschen in ihrer Verbundenheit von individueller und sozialer Existenz den Staat geradezu existentiell bedingen. *Michael Schmaus* hat schon hervorgehoben: „Daß es zur Bildung von Staaten überhaupt kam, hat seine tiefste Wurzel und seinen letzten Grund in der gesellschaftlichen Struktur des Menschen[4].“ Der Optimismus christlicher Glaubenshaltung hat den göttlichen Willen von der Natur des Menschen auf die des Staates übertragen. „Die Verwurzelung im Göttlichen Willen verleiht dem Staat Würde und Glanz ... In einem dialektischen Umschlag muß jedoch betont werden, daß der Staat, weil er ein Element der Schöpfung ist, nicht der höchste Wert ist. Er ist nicht Gott, sondern von Gott. Seinem Tun sind daher Grenzen gesetzt[5].“

Die Kirche geht davon aus, daß (wie der Mensch) auch der *Staat an die Sittenordnung gebunden* ist. Die Patristik, vor allem aber *Aurelius Augustinus* Gedanken über den „Gottesstaat" und *Thomas von Aquin* „Über die Herrschertätigkeit", seien als wichtige Beiträge zur katholischen Lehre vom Staat genannt.

Die katholische Kirche war *nie* der Auffassung, daß die Gläubigen sich nur an einem *Gottesstaat* beteiligen sollten, auf dessen Entstehung zu warten wäre. Die Kirche war vielmehr der Auffassung (was schon bei *Augustinus* deutlich ist) daß der jeweilige Staat positiv und negativ zu bewertende Elemente aufweist, welche es zu beachten und in katholischer Sicht zu gestalten gilt. Dies verlangt kein politisches Desinteresse der Gläubigen, sondern vielmehr deren Engagement, wozu aber eine realistische Beurteilung des Staates erforderlich ist, auf welche bereits die Heilige Schrift hinführt, die nicht allein die Herrschergewalt auf den Willen Gottes zurückführt[6], sondern auch die Entartung des Staates und den Antichrist als ein politisches Phänomen kennt, welche in der Geheimen Offenbarung uns entgegentreten.

Diesen *Realismus* verlangt die Kirche nicht allein im politischen Engagement von den Gläubigen, sondern bemüht sich darum in ihrer Lehre, in welcher sie sich, soweit es erforderlich ist, in ihrem eigenen Standort als Kirche gegenüber dem Staat abgrenzt und ihre Lehre von den sittlichen Anforderungen an den Staat jeweils zeitbezogen, somit entwicklungsbedingt entfaltet.

Anders als die *evangelische Sozialethik*[7], welche — im Hinblick auf die durch den Sündenfall *verdorbene* Natur (natura corrupta) des Menschen — den Staat als notwendiges Ordnungsmittel für den Menschen bedarf, geht der *Katholizismus* von einer durch den Sündenfall *geschwächten* menschlichen Natur (natura vulnerata) aus, für die der Staat kein aus dem Sündenfall abzuleitendes Erfordernis ist, sondern seinen Ursprung (wie der Mensch übrigens selbst) in der Schöpfungsordnung hat und für den Menschen geschaffen ist.

Im Dienst an der Menschheit ist aber der *Staat* nicht allein, sondern *neben der Kirche tätig*. So erklärte im Anschluß an *Thomas von Aquin*[8] schon *Leo XIII.* in seiner Enzyklika „Immortale Dei" aus dem Jahre 1885: „So hat also Gott die Sorge für das Menschengeschlecht zwei Gewalten zugeteilt: der kirchlichen und der staatlichen. Der einen obliegt die Sorge für die göttlichen Belange, der anderen für die menschlichen. Jede ist in ihrer Art die höchste: jede hat bestimmte Grenzen, innerhalb derer sie sich bewegt, Grenzen, die sich aus dem Wesen und dem nächsten Zweck jeder der beiden Gewalten ergeben. Es zieht sich so gleichsam ein Kreis um sie, innerhalb dessen die Tätigkeit einer jeden sich selbständig entfaltet[9]."

In bezug auf den Staat stellen sich in pastoraler Sicht *mehrere Probleme und Anliegen* für die Kirche. Sie ist konfrontiert mit der Verschiedenheit der Staatsformen, politischen Ordnungsprinzipien und staatlichen Aufbaumöglichkeiten. Neben diesen mehr den organisationsrechtlichen Teil der Verfassung betreffenden Vorschriften ergibt sich für die Kirche die Notwendigkeit, die Stellung des Einzelmenschen im Staat zu bedenken, d. h. zur Wahrung der Freiheit und Würde des Menschen die Positivierung und Einhaltung der Grundrechte zu verlangen und sich nach dem Zweck des Staates zu fragen.

Bezüglich des organisationsrechtlichen Teiles der Verfassung hat die Kirche in bezug auf die *Staatsform*, den Staatsaufbau und die Möglichkeiten des politischen Lebens des Staates stets konsequent den Grundsatz der Neutralität vertreten. Die Kirche anerkennt jede Staatsform, solange sie dem Gemeinwohl dient sowie die Freiheit und Würde des Menschen wahrt[10].

Eine Art Modifikation hat dieser Standpunkt der Neutralität der Kirche gegenüber Form und Politik des Staates erhalten, als (mit der Weihnachtsansprache *Pius XII.* im Jahre 1944 beginnend) die *Bedeutung der Demokratie* betont wurde[11]. *Pius XII.* wußte, daß die Demokratie verschiedene Formen zuläßt und sich in Monarchien und Republiken in gleicher Weise verwirklichen läßt. Auch die folgenden Päpste, nämlich *Johannes XXIII.*, *Paul VI.* und *Johannes Paul II.* setzten sich mit der politischen Entwicklung des Staates und damit auch mit der Demokratie auseinander. Sie haben die Erweiterung der Staatsaufgaben erkannt und den Weg zum Sozial- und Wirtschaftsstaat mit einer Vielzahl von *Sozialgestaltungsempfehlungen* begleitet. Stets ist es der Kirche dabei um einen Interessenausgleich im Staat, um die Beschaffung der kulturellen, sozialen und wirtschaftlichen Voraussetzungen zur Persönlichkeitsentfaltung der Menschen gegangen, wobei die Beachtung des Gemeinwohlprinzips und die Wahrung der Grundrechte besonders betont werden.

So sehr die Kirche bezüglich der formell-organisatorischen Seite des Staates bis zur Gegenwart strikte Neutralität zu wahren sucht, so sehr ist sie über Sinn und *Zweck des Staates* zur *Wahrung der Freiheit und Würde des Menschen* engagiert. Die Neutralität gegenüber der Staatsorganisation wird begleitet von einer akzentuierten Haltung gegenüber den Staatszwecken, welchen sie den Dienst am Gemeinwohl empfiehlt.

B. Rechte, Pflichten und Grenzen des Staates

Die *Rechte und Pflichten der Menschen, der Bürger und des Staates* werden beginnend mit dem Schutze des ungeborenen Lebens bis zu den

Fragen der Sterbehilfe bedacht. Dabei heben sich besonders die vielen Lehräußerungen von *Papst Pius XII.* wegen ihrer faszinierenden Klarheit und enzyklopädischen Geschlossenheit hervor. An sie schließen sich Sozialgestaltungsempfehlungen an, besonders in den Enzykliken „Mater et magistra" (1961) und „Pacem in terris" (1963) des *Papstes Johannes XXIII.*, „Populorum progressio" (1967) und dem Apostolischen Schreiben „Octogesimo adveniens" (1971) des *Papstes Paul VI.* sowie „Redemptor hominis" (1979) und „Laborem exercens" (1981) des *Papstes Johannes Paul II.* Neben den päpstlichen Lehräußerungen kommt auch den entsprechenden Erklärungen des Zweiten Vatikanischen Konzils eine staatsrelevante Bedeutung zu.

In einer außerordentlichen Weite anerkennt die katholische Kirche *die Grundrechte* als ein Mittel des Schutzes des Einzelmenschen in seiner Persönlichkeitsentfaltung. In dieser Sicht tritt die Kirche für die klassischen, nämlich liberalen und demokratischen Grundrechte ebenso ein wie für die sozialen Grundrechte. Die mögliche *Freiheit vom Staat, im* Staat und *durch* den Staat wird in gleicher Weise und ein bedingender bedingter Zusammenhang von Freiheit und Sicherheit zu erreichen gesucht. Die verschiedenen Lebensbereiche, welche der Einzelne in der pluralistischen Demokratie des technisierten Industriezeitalters zu bewältigen hat, werden in den päpstlichen Lehräußerungen berücksichtigt, nämlich vor allem seine Privatsphäre, das politische Leben und seine soziale Situation. Unter wechselnden Akzentsetzungen geht es der Kirche um die *Wahrung der Freiheit und Würde des Menschen* in einer Zeit zunehmender Demokratisierung von Staat und Gesellschaft, innerlicher und äußerer Umweltgefährdung sowie der zunehmenden Bedeutung der Sozial- und Wirtschaftsprobleme. *Johannes Paul II.* hat selbst in „Redemptor hominis" erklärt, die Kirche wird „um so mehr kraft ihrer göttlichen Sendung zur Wächterin dieser Freiheit, die Bedingung und Grundlage für die wahre Würde der menschlichen Person ist"[12].

Je deutlicher *die soziale Frage im Staat* geworden ist, desto eindringlicher hat die Kirche dazu Stellung bezogen[13], zuletzt *Johannes Paul II.* in „Laborem exercens", in welcher Sozialenzyklika er geradezu eine eigene Theologie der Arbeit entwickelt hat. Neben den mit der Arbeitnehmersituation verbundenen Problemen geht *Johannes Paul II.* auch auf die Fragen der Grenzsituation des Menschen, wie auf die *Lage der Behinderten* und die sich in *Arbeitsemigration* befindlichen Gastarbeiter näher ein. Mit Überschreiten der Grenzen seines Heimatlandes geht ja keiner der Freiheit und Würde seiner Person verlustig!

So sehr die Kirche gegenüber der Organisation des Staates stets einen Standpunkt strikter Neutralität vertreten hat, befleißigte sie sich hingegen in einer Vielzahl von Sozialgestaltungsempfehlungen um eine

Sicherung der Stellung des Einzelmenschen im Staat, was für die Zwecksetzung des Staates bestimmend war. Nach der Erfüllung des Primärzweckes des Staates (der auf die Herstellung und Aufrechterhaltung von Ruhe, Ordnung und Sicherheit gerichtet ist) verlangt die Kirche die Erfüllung auch des *Kultur- und Wohlfahrtszweckes.* Den kulturellen Fortschritt, das wirtschaftliche Wachstum und die soziale Sicherheit empfiehlt die Kirche als Staatszwecke.

Wenngleich die Kirche gegenüber der Form des Staates den Standpunkt der Neutralität eingenommen hat, hat sie in bezug auf das politische Innenleben diese Indifferenz nie bezogen. Sie ist für eine *Ordnung im Staat,* welche einer bestimmten Autorität bedarf. So erklärt auch das Zweite Vatikanische Konzil in der Pastoralkonstitution über die Kirche in der Welt von heute: „Die Menschen, die zu einer Gemeinschaft zusammenfinden, sind zahlreich und verschiedenartig. Sie können mit Recht verschiedene Meinungen haben. Damit nun der Staat nicht dadurch, daß jeder seiner eigenen Ansicht folgt, zerfällt, bedarf es einer Autorität, welche die Kräfte aller Bürger auf das Gemeinwohl lenkt, nicht bloß durch die Automatismen des Institutionellen oder durch brutale Gewalt, sondern vor allem als moralische Macht, die sich stützt auf Freiheit und auf das Bewußtsein einer übernommenen Verantwortung ...

Ebenso ergibt sich, daß sich die Ausübung der politischen Gewalt in der Gemeinschaft als solche oder in den für sie repräsentativen Institutionen immer nur im Rahmen der sittlichen Ordnung vollziehen darf, und zwar zur *Verwirklichung des Gemeinwohls* — dieses aber dynamisch verstanden — und entsprechend einer legitimen juridischen Ordnung, die bereits besteht oder noch geschaffen werden soll. Dann aber sind auch die Staatsbürger im Gewissen zum Gehorsam verpflichtet. Daraus ergeben sich also die Verantwortlichkeit, Würde und Bedeutung der Regierenden.

Wo jedoch die Staatsbürger von einer öffentlichen Gewalt, die ihre Zuständigkeit überschreitet, bedrückt werden, sollen sie sich nicht weigern, das zu tun, was das Gemeinwohl objektiv verlangt. Sie haben jedoch das Recht, ihre und ihrer Mitbürger Rechte gegen jeden Mißbrauch der staatlichen Autorität zu verteidigen, freilich innerhalb der Grenzen des Naturrechts und des Evangeliums[14]."

Die Kirche steht der für die Ordnung des Staates erforderlichen Autorität nicht unkritisch gegenüber. Sie kennt die *Möglichkeiten und Grenzen der Autorität des Staates* in ihrem dialogischen Bezug zu den Einzelmenschen. In diesem Sinne stellte auch das Zweite Vatikanische Konzil in seiner Erklärung über die Religionsfreiheit „Dignitatis humanae" fest: „Die staatliche Gewalt und ihre Rechte erkannte er

(Christus) an, als er befahl, dem Kaiser Steuer zu zahlen, mahnte aber deutlich, daß die höheren Rechte Gottes zu wahren seien: ‚Gebt dem Kaiser, was des Kaisers ist, und Gott, was Gottes ist‘ (Mt 22, 21) ... Wie ihr Meister, so achteten auch die Apostel die legitime staatliche Autorität: ‚Es gibt keine Gewalt, die nicht von Gott stammt‘, lehrt der Apostel und deshalb befiehlt er: ‚Jedermann sei den obrigkeitlichen Gewalten untertan ...; wer sich der Gewalt widersetzt, widersteht der Anordnung Gottes‘ (Röm. 13, 1 - 2). Dabei scheuten sie nicht, der öffentlichen Gewalt zu widersprechen, wenn sie zu dem heiligen Willen Gottes in Gegensatz trat: ‚Man muß Gott mehr gehorchen als den Menschen‘ (Apg. 5, 29). Martyrer und Gläubige ohne Zahl sind zu allen Zeiten überall diesen Weg gegangen[15].“

In der Auseinandersetzung mit der Autorität des Staates ist die Kirche für eine möglichste Anerkennung seiner Anordnungen eingetreten, außer sie verstoßen gegen die Freiheit und Würde des Menschen sowie gegen das Gemeinwohlprinzip, was sich in Grundrechtsverletzungen besonders dokumentiert. Ohne eine eigene akzentuierte *katholische Lehre vom Widerstand* annehmen zu können, vermittelt die Kirche in ihrem Bemühen um Ordnung den Eindruck, im Bereich der Widerstandsleistung zunächst für seine passive und hernach für seine aktive Form einzutreten. Die Revolution wird als Allerletztes empfohlen. So bemerkte *Papst Paul VI.* in seiner Enzyklika „Populorum progressio“ (1967): „Es gibt gewisse Situationen, deren Ungerechtigkeit zum Himmel schreit. Wenn ganze Völker das Notwendigste entbehren und in einer Abhängigkeit leben, die sie an der Initiative und Verantwortung sowie am kulturellen Aufstieg hindert und der Teilnahme am sozialen und politischen Leben beraubt, dann ist die Versuchung groß, solches gegen die menschliche Würde verstoßende Unrecht mit Gewalt zu beseitigen. (Nr. 30) Trotzdem: Jeder revolutionärer Aufstand — ausgenommen im Fall der einseitigen und lange dauernden Gewaltherrschaft, die die Grundrechte der Person schwer verletzt und dem Gemeinwohl des Landes schwer schadet — zeugt neues Unrecht, bringt neue Störungen des Gleichgewichts mit sich, ruft neue Zerrüttung hervor. Man darf ein Übel nicht mit einem noch größeren Übel vertreiben“ (Nr. 31).

C. Sozialgestaltung im modernen Staat

In einer Zeit, in welcher die für den Verfassungsstaat des 19. Jahrhunderts so kennzeichnende *Trennung von Staat und Gesellschaft* geradezu *zurückgenommen* erscheint und die *Demokratisierung des öffentlichen Lebens* zu einer besonderen Annäherung von Staat und Gesellschaft geführt hat[16], haben sich daraus auch entsprechende Folgerungen für die Lehre der Kirche ergeben. Gerade in „Laborem exercens“ wurde von *Johannes Paul II.* die *Sozialsituation des heutigen Menschen* in ihrer ganzen Komplexität verdeutlicht. Nach einer Analyse des Konflikts zwischen Arbeit und Kapital und der Rechte der arbeitenden Menschen anerkennt *Johannes Paul II.* die Bedeutung der Interessenvertretung vor allem im Hinblick auf die Rolle der Gewerkschaften, deren Aufgaben er über den Kreis der Vertretung der Arbeitnehmer erkennt: „Die Angehörigen aller Berufe können sich ihrer zur Sicherung der jeweiligen Rechte bedienen. Es gibt daher auch Gewerkschaften der Landwirte und der Arbeitnehmer in leitender Stellung wie auch der Vereinigungen der Arbeitgeber“ (Nr. 20).

Sehr deutlich wird innerhalb des Staates auf die *Vertretung der Berufsinteressen* Bedacht genommen. Hatte *Papst Pius XI.* noch in seiner Enzyklika „Quadragesimo anno“ (1931) empfohlen, an Stelle der Vertretung nach der Stellung am Arbeitsmarkt (also als Arbeitgeber und Arbeitnehmer) eine solche nach Berufsständen vorzunehmen[17] (damit an Stelle des Klassenkampfes die Schicksalsgemeinschaft der Berufsangehörigen trete, welche innerhalb des jeweiligen Berufsstandes selbst einen Interessenausgleich ermöglicht[18]) und sich *Papst Johannes XXIII.* in „Mater et magistra“ (1961) noch auf diese berufsständische oder leistungsgemeinschaftliche Ordnung bezogen[19], so ist dies in „Laborem exercens“ (1981) nicht mehr der Fall. *Papst Johannes Paul II.* geht auf die geradezu klassisch gewordene Situation des Interessengegensatzes von Arbeitgeber und Arbeitnehmer in eigenen Verbänden näher ein, spricht sich für eine Art *Partnerschaft von Arbeit und Kapital* aus[20] und betont bei aller Anerkennung notwendiger Interessenvertretung das Erfordernis, den Beschränkungen Rechnung zu tragen, „welche die allgemeine Wirtschaftslage des Landes auferlegt“ (Nr. 20). Das Gemeinwohl ist bei aller Interessenvertretung vordergründig im Staat zu beachten. „Die gewerkschaftlichen Forderungen dürfen nicht in Gruppen- oder Klassenegoismus ausarten.“ Sehr deutlich zeigt sich dieses Gemeinwohlerfordernis im Zusammenhang mit dem Arbeitskampf, als dessen allerletztes Mittel der Streik anerkannt wird, dessen Mißbrauch aber vor allem „für politisches Taktieren“ (Nr. 20) abgelehnt wird. Der Mißbrauch des Streiks kann zu einer Lähmung des ganzen sozioökonomischen Lebens führen und das widerspricht den Erfordernissen des Gemeinwohls der Gesellschaft“ (Nr. 20).

Bei allen Auseinandersetzungen im intermediären Bereich der Gesellschaft will die Kirche dadurch die Aufgaben des Staates nicht gefährdet sehen. Die *Interessenvertretung* im Bereich *der Gesellschaft* ist *mit* der *Ordnungsfunktion des Staates in Einklang zu bringen.* Treffend bemerkte schon zur katholischen Staatsauffassung *Paul Mikat:* „Der

Staat ist in erster Linie Rechts- und Ordnungsinstitution, er hat seinen Gliedern Recht und Frieden nach innen und außen zu sichern und ihnen den Raum zu belassen, den sie benötigen, um in schöpferischer Eigenverantwortlichkeit und Eigentätigkeit diejenigen Aufgaben wahrzunehmen, die sie selbst wahrnehmen können[21]."

D. Naturrechtlicher Ordnungsrahmen der Staatslehre

Betrachtet man abschließend die skizzierte Einstellung der katholischen Kirche zum Staat, so zeigt sich mit wechselnder Aktualitätsbezogenheit, daß der *Staat als societas naturalis* in der Natur des Menschen gegründet angesehen wird und als *societas perfecta und completa* alle anderen natürlichen Gesellschaften (wie z. B. Familie und Gemeinde) umfaßt und sich bemüht, höchste Gesellschaftsform mit allen Macht- und Ordnungsmitteln zu sein, die erforderlich sind, daß ihre Glieder die volle Entfaltung ihrer personalen Natur erreichen. Diese Staatsauffassung drückt auch die *Grundsätze der Autorität, Solidarität und Subsidiarität* im Dienste des Gemeinwohls in gleicher Weise aus. Die motivierende Kraft des Staates soll nämlich, soweit es andere Gemeinschaften in ihrem Rahmen nicht können, allen Menschen die Ordnung vermitteln, die erforderlich ist, damit sie in Freiheit und Würde leben können. Mit dieser Sozialauffassung versucht die katholische Kirche unter gleichzeitiger Ablehnung des kapitalistischen Liberalismus und des kollektivistischen sowie materialistischen Marxismus[22] einen *personalistischen Weg* auf dem Boden des Naturrechts[23] zu gehen, dessen Begriff zwar in unterschiedlicher Verwendung anzutreffen ist, dessen Sinn aber in der Lehre der Kirche von der Freiheit und Würde des Menschen sowie vor allem in ihrem ständigen Eintreten für den Schutz und die Fortentwicklung der Grundrechte sich verdeutlicht.

Diese stete Anerkennung von Grundelementen und Grundwerten des Staates durch die katholische Kirche erlaubt trotz ihres Bemühens um Anerkennung durch ein mehr oder weniger ausdrückliches *Ordnungsdenken vom Naturrecht* her nicht die *Vermittlung einer detaillierten Staatsordnung.* Schon *Heinrich Rommen* hat in seinen Gedanken über „Die ewige Wiederkehr des Naturrechts" betont, daß das Naturrecht der philosophia perennis ein „Rahmenrecht" ist, das keine Detailregelung in direkter Ableitung zuläßt[24]. Es bedarf vielmehr der zeit- und ortsbedingten politischen Entscheidung der Menschen, welche den konkreten Staat in Form und Inhalt prägt.

So erklärte auch *Paul VI.* in „Pacem in terris" (1963): „Um festzustellen in welcher Form ein Staat regiert wird und wie er seine Aufgabe erfüllen soll, müssen ... der augenblickliche Zustand und die Lage eines jeden Volkes in Betracht gezogen werden, die nach Ort und Zeit verschieden sind" (Nr. 68).

Die Kirche konnte somit von dem Wesen des Staates und dem Charakter ihrer Lehre her keine für alle Zeiten, Orte und Generationen gleich gültige patentierte Universallösung des Staates anbieten, sondern hat *Alternativen an Entwicklungen* verdeutlicht und Grundelemente katholischer Staatsauffassung vermittelt[25], deren Verwirklichung risikoreich ist, weil sie von menschlichen Entscheidungen abhängt, die relativ und gerade im Bereich des Staates sehr verantwortungsvoll sind. *Hans Kelsen* hat schon bemerkt: „Denn mit einer spezifischen Erzeugungsregel, mit einer bestimmten Staats- oder Gesellschaftsform ist noch in keiner Weise die offenbar viel wichtigere Frage nach dem Inhalt der staatlichen Ordnung verbunden"[26]; für ihn „ist der Relativismus die Weltanschauung, die der demokratische Gedanke voraussetzt"[27] und verweist auf das 18. Kapitel des Evangeliums Johannes, in dem wir lesen, daß das Volk auf die Frage des Pilatus, wen er am Osterfest freilassen solle, nicht Jesus Christus riefen, sondern Barabas. „Der Christ aber fügt hinzu: Barabas war ein Räuber[28]."

Auf das gleiche 18. Kapitel bei Johannes, auf das der agnostische Rechtspositivist *Hans Kelsen*[29] zum Abschluß seiner Schrift „Vom Wesen und Wert der Demokratie" zu sprechen kommt, wird auch von *Johannes Paul II.* in seiner Enzyklika „Redemptor hominis" verwiesen und die Frage nach dem Christsein im Staat beantwortet: „Als Jesus Christus als Gefangener vor das Gericht des Pilatus trat und von ihm zur Anklage befragt wurde, die gegen ihn von den Vertretern des Synedriums erhoben worden war, hat er da nicht selbst geantwortet: ‚Ich bin dazu geboren und in die Welt gekommen, daß ich für die Wahrheit Zeugnis ablege' ... Ist nicht Jesus Christus selbst im Verlaufe so vieler Jahrhunderte und so vieler Generationen, angefangen von den Zeiten der Apostel, sehr oft an die Seite von Menschen getreten, über die um der Wahrheit willen gerichtet wurde; ist er nicht auch mit Menschen in den Tod gegangen, die um der Wahrheit willen verurteilt wurden? Ist er nicht weiterhin Sprecher und Anwalt des Menschen, der im Geist und in der Wahrheit lebt? Wie er nicht aufhört, vor dem Vater zu sein, so ist er auch in der Geschichte des Menschen stets anwesend" (Nr. 12).

[1] Siehe näher *Joseph Listl:* Die Lehre der Kirche über das Verhältnis von Kirche und Staat, in: *Joseph Listl et al. (Hrsg.):* Grundriss des nachkonziliaren Kirchenrechts. Regensburg (Pustet) 1980, S. 831 ff.; *Herbert Schambeck (Hrsg.):* Kirche und Staat. Fritz Eckert zum 65. Geburtstag. Berlin (Duncker & Humblot) 1976 und darin besonders *Heribert Franz Köck:* Kirche und Staat. Zum Problem der Kompetenzabgrenzung in einer pluralistischen Gesellschaft, S. 77 ff.; sowie *Alfred Klose:* Die katholische Soziallehre. Graz (Styria) 1979, insb. S. 49 ff.

[2] Beachte *Giovanni Benelli:* Die Kirche und der Dialog mit der Welt, in· *Herbert Schambeck (Hrsg.):* Kirche und Staat, a.a.O., S. XI ff.

[3] Über den Staat in der Heiligen Schrift siehe näher *Herbert Schambeck:* Artikel „Staat in der katholischen Gesellschaftslehre", in: *Alfred Klose et al. (Hrsg.):* Katholisches Soziallexikon, 2. Aufl. Innsbruck, Wien, München (Tyrolia) und Graz, Wien, Köln (Styria) 1980, Sp. 2898 ff.

[4] *Michael Schmaus:* Der Staat — Menschenwerk oder gottgewollte Institution?, in: *Walter Leisner (Hrsg.):* Staatsethik. Grundfragen des Verhältnisses von Ethik, Politik und Staatsrecht. Köln (Hanstein) 1977, S. 36 (Gesellschaft-Kirche-Wirtschaft, Bd. 10).

[5] *Michael Schmaus:* Der Staat — Menschenwerk oder gottgewollte Institution?, a.a.O., S. 37.

[6] Röm. 13, 1 - 7.

[7] Siehe hierzu *Eugen Gerstenmaier:* Artikel „Demokratie", in: *Hermann Kunst et al. (Hrsg.):* Evangelisches Staatslexikon. Stuttgart, Berlin (Kreuz-Verlag) 1966, Sp. 287.

[8] *Thomas von Aquin:* In 3 Sent.dist.44, q.2, a. 3, ad 54.

[9] Zitiert nach *Émile Marmy (Hrsg.):* Mensch und Gemeinschaft in christlicher Schau. Dokumente, päpstliche Lehrschriften. Freiburg i. Ue. (Paulus) 1945, Nr. 857 f.

[10] Siehe *Papst Leo XIII.:* Enzykliken „Diuturnum illud" vom 29. Juni 1881, „Immortale Dei" vom 1. November 1885 sowie „Libertas praestantissimum" vom 20. Juni 1888; näher dazu *Herbert Schambeck:* Staat in der katholischen Gesellschaftslehre, a.a.O., Sp. 2907.

[11] Siehe *Papst Pius XII.:* Grundlehren über die wahre Demokratie. Radiobotschaft an die Welt vom 24. Dezember 1944; abgedruckt in: *Arthur-Fridolin Utz und Josef-Fulko Groner (Hrsg.):* Aufbau und Entfaltung des gesellschaftlichen Lebens. Soziale Summe Pius' XII., Bd. 2. Freiburg i. Ue. (Paulus) 1954, Nr. 3469 f. Allgemein siehe *Theodor Strohm und Heinz-Dietrich Wendland:* Kirche und moderne Demokratie. Darmstadt (Wissensch. Buchgesellschaft) 1973 (Wege der Forschung, Bd. 205), weiters aus katholischer Sicht *Herbert Schambeck:* Die Demokratie in der Lehre der katholischen Kirche, in: *Audomar Scheuermann et al. (Hrsg.):* Convivium utriusque iuris. Alexander Dordett zum 60. Geburtstag. Wien (Dom-Verlag) 1976, S. 27 ff. und *Herbert Schambeck:* Der rechts- und staatsphilosophische Gehalt der Lehre Pius XII., in: *Herbert Schambeck (Hrsg.):* Pius XII. zum Gedächtnis. Berlin (Duncker & Humblot) 1977, S. 459 ff. sowie *Karl Korinek:* Der Beitrag Pius XII. zur katholischen Lehre vom demokratischen Staat, in: *Herbert Schambeck (Hrsg.):* Pius XII. zum Gedächtnis, a.a.O., S. 563 ff.

[12] *Papst Johannes Paul II.:* Enzyklika „Redemptor hominis", Nr. 12.

[13] Siehe grundlegend *Johannes Messner:* Die soziale Frage im Blickfeld der Irrwege von gestern, der Sozialkämpfe von heute, der Weltentscheidungen von morgen, 8. Aufl., Innsbruck, Wien, München (Tyrolia) 1964, bes. S. 375 ff.

[14] Zweites Vatikanisches Konzil: Pastorale Konstitution über die Kirche in der Welt von heute „Gaudium et spes" Nr. 74; zitiert nach *Karl Rahner und Herbert Vorgrimler:* Kleines Konzilskompendium, 13. Aufl. Freiburg, Basel, Wien (Herder) 1979, S. 531.

[15] Zweites Vatjkanisches Konzil: Erklärung über die Religionsfreiheit „Dignitatis humanae“, Nr. 11; zitiert nach *Karl Rahner und Herbert Vorgrimler:* Kleines Konzilslexikon, a.a.O., S. 672.

[16] Siehe hierzu *Herbert Schambeck:* Kirche, Staat, Gesellschaft. Probleme von heute und morgen. Wien, Freiburg, Basel (Herder) 1967, bes. S. 65 ff. (Konfrontationen, Bd. 1).

[17] Siehe *Papst Pius XI.:* Enzyklika „Quadragesimo anno“, Nr. 81 ff.

[18] Dazu siehe *Herbert Schambeck:* Kammerorganisation und Ständeordnung, in: *Anton Burghardt et al. (Hrsg.):* Im Dienste der Sozialreform. Festschrift für Karl Kummer. Wien (Verlag der Berichte zur Kultur- und Zeitgeschichte) 1965, S. 443 ff., bes. S. 453 ff.

[19] Beachte *Papst Johannes XXIII.:* Enzyklika „Mater et magistra“, Nr. 37 und Nr. 65.

[20] Siehe *Papst Johannes Paul II.:* Enzyklika „Laborem exercens“, Abschnitt III.

[21] *Paul Mikat:* Grundelemente katholischer Staatsauffassung, in: *Paul Mikat:* Religionsrechtliche Schriften. Abhandlungen zum Staatskirchenrecht und Eherecht, hrsg. von *Joseph Listl,* 2. Halbband. Berlin (Duncker & Humblot) 1974, S. 646 (Staatskirchenrechtliche Abhandlungen, Bd. 5).

[22] Vgl. *Rudolf Weiler:* Pius XII. und die Ideologien, in: *Herbert Schambeck (Hrsg.):* Pius XII. zum Gedächtnis, a.a.O., S. 589 ff. und *Papst Paul VI.:* Enzyklika „Populorum progressio“, Nr. 26 und Nr. 39 sowie *Papst Paul VI.:* Apostolisches Schreiben „Octogesimo adveniens“, Nr. 31 ff. und *Papst Johannes Paul II.:* Enzyklika „Laborem exercens“, Nr. 13 f.

[23] Beachte *Johannes Messner:* Das Naturecht. Handbuch der Gesellschaftsethik, Staatsethik und Wirtschaftsethik, 5. Aufl. Innsbruck, Wien, München (Tyrolia) 1966 und *Heribert Franz Köck:* Zur Frage der Zuständigkeit der Kirche für das Naturrecht, in: *Alfred Klose et al. (Hrsg.):* Ordnung im sozialen Wandel. Festschrift für Johannes Messner zum 85. Geburtstag. Berlin (Duncker & Humblot) 1976, S. 75 ff.

[24] *Heinrich A. Rommen:* Die ewige Wiederkehr des Naturrechts, 2. Aufl. München (Kösel) 1947, S. 251; siehe dazu auch *Paul Mikat:* Grundelemente katholischer Staatsauffassung, a.a.O., S. 637 f.

[25] Dazu siehe *Gerhard Müller:* Gedanken zur Staatsethik der Katholischen Soziallehre heute, in: *Lothar Bossle (Hrsg.):* Freiheit und christliche Soziallehre. Köln (Hanstein) 1977, S. 143 ff. (Gesellschaft-Kirche-Wirtschaft, Bd. 9) sowie grundsätzlich *Anton Burghardt:* Katholische Soziallehre. Anmerkungen zu ihren Konstanten und Variablen, in: *Alfred Klose et al. (Hrsg.):* Ordnung im sozialen Wandel, a.a.O., S. 43 ff.

[26] *Hans Kelsen:* Vom Wesen und Wert der Demokratie, 2. Aufl. Tübingen (Mohr-Siebeck) 1929, S. 98.

[27] *Hans Kelsen:* Vom Wesen und Wert der Demokratie, a.a.O., S. 101.

[28] *Hans Kelsen:* Vom Wesen und Wert der Demokratie, a.a.O., S. 104.

[29] Siehe *Rudolf Aladár Métall:* Hans Kelsen. Leben und Werk. Wien (Deuticke) 1969.

ZUR VÖLKERRECHTSORDNUNG

Von Heribert Franz Köck, Linz

A. Die Anfänge einer „internationalen" Katholischen Soziallehre

Versteht man *Katholische Soziallehre* (auch) als „philosophisch vermittelte Einsicht in ... das Menschenbild als normativer Entwurf"[1], aus der Postulate für die Gestaltung der Gesellschaft gefolgert werden, so gehört ihre *Anwendung auf* die *internationale* Gesellschaft als *Staatengemeinschaft* zu ihren *ältesten* Ausprägungen. Die Erklärung hiefür liegt darin, daß sich die Katholische Soziallehre in ihren verschiedenen Zweigen als Antwort auf konkrete Herausforderungen darstellt, die neuentstandene Fragestellungen entstehen lassen, für die keine pragmatischen Lösungen geschichtlich entwickelt bereitliegen, eben weil die natürliche Evolution der Gesellschaft und ihre Anpassung an neue Umstände mit der Rasanz der Entwicklung nicht Schritt gehalten hat. Was aber für den innerstaatlichen Bereich die Industrielle Revolution und die Ausbildung der Industriearbeiterschaft seit der Wende vom 18. zum 19. Jahrhundert war, das ist für den zwischenstaatlichen Bereich das *Zeitalter der Entdeckungen* und der Gründung der „römischen Reiche der europäischen Staaten in Übersee"[2] gewesen, also im wesentlichen das 16. Jahrhundert[3].

I. Das internationale Gemeinwohl

Es waren die *spanischen Moraltheologen* jener Zeit, nach ihrer wichtigsten Wirkungsstätte auch die *Schule von Salamanca*[4] genannt (wenngleich sie auch an anderen berühmten iberischen Universitäten — wie z. B. Coimbra — tätig waren, und selbstverständlich auch am Sitz des Papsttums, in Rom), die zum ersten Mal die *Beziehungen der Völker und Staaten* zueinander in abstrakter Weise auf der *Grundlage des Naturrechts* untersuchten. Sie konnten damit an Prinzipien anknüpfen, die die Scholastik und insbesondere ihr hervorragendster Vertreter, *Thomas von Aquin* (1225 - 1274)[5], für den zwischenmenschlichen Bereich entwickelt hatten[6]. Auf dem von *Thomas* herausgearbeiteten *Gemeinwohlbegriff*[7] aufbauend, erweiterten ihn *Francisco de Vitoria (1483 bis*

1546) und *Francisco Suárez (1548 - 1617)* zum *bonum commune humanitatis*[8].

Für die Beziehungen der Staaten untereinander nahmen sie nicht mehr die hauptsächliche Konfession der Staatsangehörigen oder Fürsten („christliche" v. „nicht-christliche" Staaten) als entscheidend an, sondern den naturrechtlichen Satz, daß — so wie alle Menschen vor Gott eine gleiche Würde besäßen, auch — die Staaten untereinander grundsätzlich gleich seien *(souveräne Gleichheit*[9]*)*, so daß kein geistlicher oder weltlicher Herrscher, auch nicht Papst oder Kaiser, *eo ipso* Anspruch auf die Herrschaft über einen anderen Staat erheben könne[10]. Ein *Interventionsrecht* wurde nur aus humanitären Gründen (z. B. wegen einer religiösen Unterdrückung) anerkannt[11].

Ursprünglicher Rahmen der zwischen den staatsbildenden Völkern wirkenden Ordnung (später *Völkerrechtsordnung* genannt[12]) waren *naturrechtliche* Sätze, zu denen insbesondere die *Goldene Regel*[13], der Grundsatz *pacta sunt servanda*[14] und ein analoger Satz für das Gewohnheitsrecht zählten. Innerhalb dieses Rahmens bildete sich dann das *positive Völkerrecht* heraus, indem Verträge abgeschlossen und durch entsprechende Übung rechtsverbindliche Gewohnheiten geschaffen wurden[15].

II. Völkerrechtsordnung als Friedensordnung

Diese Völkerrechtsordnung war erstens eine *Friedensordnung*. An eine besondere institutionelle Sicherung des Friedens war damals noch nicht gedacht; gegenüber dem Rechts- und Friedensbrecher stand vielmehr das Sanktionsmittel des *gerechten Kriegs* bereit, das seit *Augustinus (354 - 430)* in der katholischen Moraltheologie durch die *bellum iustum*-Doktrin immer klarer herausgearbeitet wurde[16]. Allerdings hat *Suárez* den Krieg für ein dem Menschen an sich unwürdiges Mittel erklärt und den Staaten empfohlen, ihn durch die *Schiedsgerichtsbarkeit* zu ersetzen; christliche Fürsten hielt er für verpflichtet, sich einem Schiedsspruch des Papstes zu unterwerfen[17].

III. Völkerrechtsordnung als gerechte Sozialordnung

Die Völkerrechtsordnung war zweitens eine *gerechte* Friedensordnung; darauf weist schon das eben erwähnte Institut des gerechten Kriegs hin. Das besagt jedoch nicht, daß man damals auf das Problem *internationaler Solidarität*, das heute neben der Frage der Kriegsverhütung als gleich zentral für die Völkerrechtsordnung angesehen wird, bereits besonderes Augenmerk gerichtet hätte. Das hat seinen praktischen Grund darin, daß die Verkehrs- und Transportverhältnisse der damaligen Zeit derartige waren, daß sie Spekulationen über Hilfeleistungen großen Maßstabes von Volk zu Volk bzw. Staat zu Staat gar nicht erst zuließen. Immerhin hat die auf den spanischen Moraltheologen vielfach aufbauende[18] *Natur- und Völkerrechtslehre der Neuzeit* die zwischenstaatliche Solidarität als Norm der *Völkermoral* gekannt, wie das von *Emeric de Vattel (1714 - 1767)* gebrauchte Beispiel zeigt, wonach es moralische Pflicht ist, anderen Völkern im Falle einer Hungersnot beizustehen[19].

B. Die Probleme der heutigen internationalen Ordnung

I. Der Nord-Süd-Konflikt

Den Grundsatz der internationalen Solidarität zur Grundlage der Völkerrechtsordnung überhaupt gemacht zu haben, ist aber ein Verdienst der *Vereinten Nationen,* die 1974 auf einer Sondersession der Generalversammlung die *Neue Internationale Wirtschaftsordnung* proklamierten[20]. Der Umstand, daß diese Deklaration ohne Gegenstimme angenommen wurde, seither aber die Verhandlungen im Rahmen des sog. *Nord-Süd-Dialogs* auf der Stelle treten, beweist allerdings, daß über Inhalt und Umfang der genannten Solidaritätspflichten weithin keine Übereinstimmung besteht. Entsprechende Völkerrechtsnormen sind erst im Entstehen[21]; und es ist daher keineswegs müßig, nach Doktrinen zu suchen, die geeignet sind, dem Prinzip der internationalen Solidarität Inhalt zu verleihen. Insoweit stellt die heutige Situation auch eine Herausforderung an die Katholische (internationale) Soziallehre dar. Ihr wenden wir uns jetzt zu.

II. Die Katholische „internationale" Soziallehre

Nach der Lehre des *Zweiten Vatikanischen Konzils* in der Pastoralen Konstitution über die Kirche in der Welt von heute „Gaudium et spes"[22] gilt es, zwei „schwere Fragen unserer Zeit" zu lösen: „den Fortschritt überall zu fördern und Kriege in jeder Form zu verhindern"[23]. Da sich im vorliegenden Band ein anderer Beitrag mit der Friedensordnung beschäftigt, beschränken wir uns hier auf die Frage des *Fortschritts.* Ihr mag vielleicht ohnedies der erste Rang eingeräumt werden, denkt man daran, daß *Paul VI.* „Entwicklung nur ein anderes Wort für den Frieden" genannt[24] und *Johannes XXIII.* einmal geschrieben hat: „Das wichtigste Problem unserer Zeit ist vielleicht das der Beziehungen zwischen den wirtschaftlich entwickelten Ländern und den auf dem Weg der Entwicklung befindlichen Ländern[25]."

1. Integrale Entwicklung

Fortschritt und Entwicklung der Völker sind für die Kirche zwar nur als *integrale* zu verstehen: im Sinne eines harmonisierten Vorganges, bei dem kein Aspekt des Menschen und der Gesellschaft zu kurz kommt[26]. Doch liegt das Hauptaugenmerk derzeit auf der *wirtschaftlichen* Entwicklung, weil im wirtschaftlichen Bereich die Mißstände besonders kraß zutage treten; daraus folgt, daß — „da der Mensch soviel Unordnung nicht ertragen kann" — „die Welt auch ohne das Wüten des Krieges dauernd von zwischenmenschlichen Spannungen und gewaltsamen Auseinandersetzungen vergiftet wird"[27].

Die entscheidenden Grundlagen der Katholischen Soziallehre im internationalen Bereich sind der Zweite Abschnitt des Fünften Kapitels des Zweiten Teils der Pastoralen Konstitution über die Kirche in der Welt von heute „Gaudium et spes"[28] und die Enzyklika „Populorum progressio"[29] aus dem Jahre 1967. Daneben gibt es eine Reihe wichtiger (anderer) päpstlicher Aussagen zu dieser Frage, einzelne aus der Zeit *Pius XII.*[30], zahlreichere von seinen Nachfolgern *Johannes XXIII.*[31], *Paul VI.*[32] und *Johannes Paul II.*[33]. Besonders erwähnenswert sind in diesem Zusammenhang die seit 1968 alljährlich von *Paul VI.* verkündeten Weltfriedensbotschaften[34].

2. Internationale ökonomische Gerechtigkeit

Die Frage nach einer *gerechten Weltwirtschaftsordnung* hat für die Katholische internationale Soziallehre drei Aspekte: einen objektiv-inhaltlichen, einen organisatorischen und einen subjektiv-moralischen.

(a) *Inhaltlich.* Inhaltlich wird davon ausgegangen, daß die *gegenwärtige* ökonomische *Ordnung* unter den Völkern dieser Erde *ungerecht* sei. Die Ungerechtigkeit wird darin erblickt, daß der Nutzen der *Güter* dieser Erde sehr *ungleich verteilt* ist: während eine Minderheit, nämlich die Bevölkerung der Industriestaaten, einen überdurchschnittlichen Anteil an Nutzen genießt, ist die Mehrheit, nämlich die Bevölkerung der Staaten der Dritten Welt[35], gezwungen, mit einem so unterdurchschnittlichen Anteil zu leben, daß dieser nicht einmal zur Deckung des notwendigsten Bedarfes ausreicht[36]. Als Grund für diese Ungerechtigkeit werden die bestehenden *Produktions- und Verteilungsstrukturen* angesehen, die zwar historisch gewachsen sind, aber insoweit eine Fehlentwicklung darstellen, als sie keinen Güteraustausch zum allseitigen

Nutzen mit sich bringen, sondern — wegen der ungünstigen Entwicklung der Rohstoffpreise[37] und der für die Entwicklungsländer nachteiligen *Terms of Trade*[38] — den Abstand zwischen den „reichen" und den „armen" Ländern ständig vergrößern[39].

(b) *Organisatorisch.* Eine Veränderung dieser (ungerechten) Strukturen kann nach Auffassung der Katholischen (internationalen) Soziallehre nicht dem freien Spiel der Kräfte, also dem internationalen Marktmechanismus, überlassen werden[40], sondern bedarf einer entsprechenden Planung[41]. Diese ist aber offenbar durch bloße zwischenstaatliche bilaterale Vereinbarungen nicht zu erzielen; daher ist es notwendig, daß hiefür internationale Einrichtungen eingeschaltet werden. Die bestehenden *internationalen Organisationen* und *Institutionen* sind daher zu stärken und gegebenenfalls neue für bestimmte Zwecke zu schaffen[42]. Dies gilt nicht bloß für die (privaten) katholischen internationalen Organisationen, sondern auch für die *zwischenstaatlichen Organisationen,* seien sie universeller Natur — wie die *Vereinten Nationen* und ihre Spezialorganisationen —, seien sie regionaler Natur — wie die *Europäische Gemeinschaft.* Allen Katholiken wird eine Mitarbeit in diesen Organisationen ans Herz gelegt[43].

Der Heilige Stuhl hat selbst auch — in Verwirklichung verschiedener auf dem Zweiten Vatikanischen Konzil erhobener Forderungen — neue organisatorische Akzente gesetzt. So wurde für das Studium aller für die Gerechtigkeit und den Frieden relevanter Fragen 1967 die Päpstliche Kommission *Iustitia et Pax* geschaffen, zur besseren Koordination der kirchlichen Entwicklungshilfe 1971 der Päpstliche Rat *Cor Unum.* Überdies hat der ebenfalls 1967 gegründete *Päpstliche Laienrat* u. a. die Aufgabe, die Arbeit der privaten katholischen internationalen Organisationen zu koordinieren. Schließlich hat der Heilige Stuhl seine Zusammenarbeit mit den zwischenstaatlichen Organisationen, insbesondere durch die Ernennung oder Rangerhöhung seiner Beobachter, weiter verstärkt[44].

Besonders bemerkenswert ist es, daß sich die Kirche nicht darauf beschränkt hat, bloß allgemein nach der Verbesserung der bestehenden und Schaffung neuer Einrichtungen zu rufen, sondern auch konkrete Vorschläge unterbreitet hat. So hat *Paul VI.* am 4. Dezember 1964 in Bombay in seiner Botschaft an die ihn begleitenden Journalisten die Schaffung eines *Weltfonds der Solidarität zugunsten der Entwicklungsländer* gefordert[45]; damit hat er der Sache nach den Vorschlag des österreichischen Bundeskanzlers *Dr. Bruno Kreisky* nach einem „Marshall-Plan" für die Entwicklungsländer, den dieser am 31. Jänner 1980 auf der III. Generalkonferenz der UNIDO in Neu Delhi machte[46], bereits fünfzehn Jahre zuvor vorweggenommen.

Bedeutsam ist auch, daß die Katholische (internationale) Soziallehre das Problem des Fortschritts der Entwicklungsländer nicht bloß als Problem ausreichender oder mangelnder Entwicklungshilfe sieht, sondern letztere eher als „Hilfe zur Selbsthilfe“ versteht, weil eine *organische Entwicklung* nur von den *Entwicklungsländern selbst* — zusammen und von jedem einzelnen von ihnen für sich — getragen werden kann[47]. Damit soll sicherlich keiner radikalen Dissoziationsthese[48] das Wort geredet, wohl aber an die Eigenverantwortung der Völker auf dem Weg der Entwicklung und ihrer Führer gemahnt werden.

(c) *Moralisch.* Die subjektiv-moralische Seite des Entwicklungsproblems sieht die Katholische (internationale) Soziallehre unter verschiedenen Aspekten. Da ist einmal der moralische Anspruch an die Einzelnen als Glieder der Industriegesellschaft, die in einem vergleichsweisen Überfluß lebt, dann aber auch an den Einzelnen als solchen, insoweit er persönlich an diesem Überfluß teilhat; und dabei wird nochmals zwischen dem Einzelnen als Mensch und als Christ unterschieden.

Es ist interessant festzustellen, daß der Wiedergutmachungsanspruch der Entwicklungsländer an die Industriestaaten, der in der heutigen zwischenstaatlichen Diskussion eine nicht unbeträchtliche Rolle spielt und auf die frühere „Ausbeutung“ der Kolonialgebiete durch die ehemaligen Kolonialherren sowie auf die von letzteren geschaffenen untauglichen ökonomischen Strukturen gestützt wird, in den einschlägigen kirchlichen Dokumenten nicht vorgetragen wird. Dies ist übrigens zu begrüßen: einmal, weil es mehr als zweifelhaft ist, ob die Entwicklungsländer (beispielsweise) Afrikas ohne die europäische Kolonisation im 19. und beginnenden 20. Jahrhundert selbst jenen Entwicklungsstand erreicht hätten, auf dem sie sich heute befinden (liest man die Entdeckerberichte, so befanden sich jene Völker damals auf einem sehr niedrigen Stand an Zivilisation und hätten ohne Einflüsse von außen wohl kaum von sich aus den Anschluß an den ökonomischen Standard der Europäer innerhalb weniger Jahrzehnte erreicht); dann aber auch, weil dann alle jene Staaten keinen Anspruch (oder nicht den gleichen) auf Entwicklungshilfe hätten, die nicht oder schon lange nicht mehr unter Kolonialherrschaft gestanden sind.

Grundlage der kirchlichen Argumentation ist vielmehr der *Gedanke der Solidarität.* Die Menschheit bildet eine Einheit, wenn sie auch organisatorisch nicht in einem Weltstaat, sondern in zahlreichen (kleineren oder größeren) Staaten lebt[49]. Diese Einheit der Menschheit ist nicht bloß eine ideelle, sondern kann gerade heute aufgrund des Fortschritts auf dem Gebiete des Handels und Verkehrs auch tatsächlich realisiert werden. Daher sind auf die Menschheit als ganze grundsätzlich die gleichen Grundsätze gesellschaftlicher Gerechtigkeit anzuwenden wie auf die Gesellschaft eines einzelnen Staates. Dies bedeutet, daß jedermann (jedem Staat und jedem Einzelnen) ein gerechter Anteil am internationalen Sozialprodukt zukommen muß. Da und soweit dies heute nicht der Fall ist, ist daher international dieselbe *Umverteilungspolitik* zu betreiben wie im innerstaatlichen Bereich[50].

Eine solche Politik legt selbstverständlich den *Industriestaaten* und ihren Angehörigen wirtschaftliche *Opfer* auf, die diese jedoch auf sich nehmen müssen[51]. Gerade die *Christen* werden angesprochen, wenn es heißt: „Das Ärgernis soll vermieden werden, daß einige Nationen, deren Bürger in überwältigender Mehrheit den Ehrennamen ‚Christen' tragen, Güter in Fülle besitzen, während andere nicht genug zum Leben haben und von Hunger, Krankheit und Elend aller Art gepeinigt werden[52]." Wenn das Zweite Vatikanische Konzil in diesem Zusammenhang vom „ganzen Volk Gottes" fordert, „die Nöte unserer Zeit nach Kräften zu lindern, und zwar nach alter Tradition der Kirche nicht nur aus dem Überfluß, sondern auch von der Substanz"[53], so ist damit keine Revision der traditionellen Almosenlehre[54] beabsichtigt, sondern — wie der Verfasser an anderer Stelle dargetan hat[55] — eine Verpflichtung nicht bloß *ex caritate*, sondern *ex iustitia* ausgesprochen, die in der Relativität eines Eigentumsbegriffs begründet ist, der sich nicht als absolute Verfügungsmacht über ein Gut versteht, sondern die in ihm gelegene soziale Komponente[56] mitbedenkt.

III. Praktische Probleme der Katholischen „internationalen" Soziallehre

Ist die Katholische (internationale) Soziallehre dergestalt im Grundsätzlichen weitgehend bestimmt, so zeigt eine Analyse des Verhaltens kirchlicher Vertreter in internationalen Gremien, daß der Heilige Stuhl eine starke Zurückhaltung gegenüber Versuchen zeigt, ihn zu Stellungnahmen gegenüber konkreten entwicklungspolitischen Forderungen zu bewegen. So unterstützen die Delegationen des Heiligen Stuhls auf internationalen Konferenzen zwar stets die „berechtigten" Forderungen der Entwicklungsländer, enthalten sich aber bei den entscheidenden Abstimmungen zumeist der Stimme, wenn es darum geht, im Wege einer Mehrheitsbildung der Auffassung der einen Seite (regelmäßig der Entwicklungsländer) gegenüber der anderen (regelmäßig der westlichen Industriestaaten) Geltung zu verschaffen[57]. Für dieses scheinbar ambivalente Verhalten gibt es mehrere Gründe.

Erstens sind die in internationalen Gremien gestellten Anträge *selten* so formuliert, daß sie die Grundsätze der Katholischen (internationalen) Soziallehre *ungetrübt* zum Ausdruck bringen. Zumeist gehen sie vielmehr mit ihren Forderungen entweder ins Maßlose, oder sie peilen Ziele an oder wollen Mittel einsetzen, die mit der christlichen Auffassung im Widerspruch stehen, oder schließlich, sie enthalten sachfremde Elemente, wie z. B. politische (dem Ost-West-Konflikt entlehnte), für die Auseinandersetzung von Nord und Süd aber völlig unpassende Polemik.

Zweitens vertritt der Heilige Stuhl die Auffassung, daß auch bei der Verwirklichung einer gerechten Völkerrechtsordnung eine *Politik der kleinen Schritte realistischer* ist, wenn sie die Gewähr für die Zusammenarbeit auch von seiten der „reichen" Staaten bildet, als ein Standpunkt des „Alles oder Nichts", wenn dies zu einer Absentierung gerade jener Länder von der Durchführung des zu beschließenden Programms führt, ohne deren Unterstützung dasselbe toter Buchstabe bleiben muß.

Drittens allerdings hat es manchmal auch den Anschein, daß man in kirchlichen Kreisen Angst vor der eigenen Courage hat und darum zögert, aus den klar formulierten Grundsätzen der Katholischen (internationalen) Soziallehre auch die nötigen Konsequenzen im konkreten Fall zu ziehen. Hier mag die (vielleicht) begründete Furcht mitspielen, sich die Sympathien jener Staaten zu verscherzen, die in der Vergangenheit (vergleichsweise) am beständigsten für die Interessen der Kirche und des Heiligen Stuhls eingetreten sind, ohne aber deshalb eine ausreichende Stütze bei den Staaten der Dritten Welt zu finden, von denen gerade in Afrika viele den Heiligen Stuhl und seine Vertreter hauptsächlich nach tagespolitischen Überlegungen und — im Durchschnitt — schlechter behandeln als die Staaten des europäischen Kulturkreises. Die Haltung politischer Abstinenz in Augenblicken weittragender Entscheidungen mag allerdings auch durch die gerade in den letzten Jahren wieder nachdrücklich unterstrichene Auffassung des Heiligen Stuhls bestimmt sein, daß die *Sendung der Kirche eine primär religiöse* ist und sie daher gut daran tut, dem tagespolitischen Streit fernzubleiben[58].

Dies mag allerdings, viertens, auch mit einer gewissen *Unsicherheit* über die richtige *Anwendung* der in der Katholischen (internationalen) Soziallehre niedergelegten Grundsätze zusammenhängen. Ein funktionierendes System internationalen ökonomischen Interessenausgleiches liegt bisher nicht vor. Die Entscheidung für die eine oder andere Methode, das eine oder andere Instrumentarium kann daher leicht *Ideologieverdacht* nach sich ziehen. Und vor einen ideologischen Karren spannen lassen will sich die Kirche selbstverständlich nicht.

IV. Die Zukunft der Katholischen „internationalen" Soziallehre

Nun ist es zwar richtig, daß die Katholische Soziallehre — und dies gilt auch für ihren „internationalen" Zweig — „vor allem eine Prinzipienlehre" ist[59]; auch hat das Zweite Vatikanische Konzil den „wichtigen Beitrag" der Kirche „zur Festigung des Friedens und zur Schaffung einer soliden Grundlage der brüderlichen Gemeinschaft unter den Menschen und Völkern" vor allem in der Verbreitung des „göttlichen und natürlichen Sittengesetzes" gesehen[60]. Das Konzil hat aber gleichzeitig auch gefordert, die Kirche müsse „in der Völkergemeinschaft präsent sein, um die Zusammenarbeit unter den Menschen zu fördern und anzuregen"[61]. Verzichtet die Kirche unter diesen Umständen aber auf jede *Mitgestaltung,* indem sie sich auf die unangreifbaren Allgemeinbegriffe des Guten, Wahren und Schönen zurückzieht, ohne gleichzeitig angeben zu wollen, was sie im einzelnen für gut, wahr etc. hält, so wird sie für die *konkrete Gestaltung der Welt durch andere* (ob diese nun in einem Bewahren oder in einem Verändern liegt) *mitverantwortlich.*

Tatsächlich hat ihr bisheriges Verhalten der Kirche von gewisser Seite den Vorwurf eingetragen, mit ihrem Zögern eher der fortdauernden Unterdrückung als der Verwirklichung sozialer Gerechtigkeit zu dienen[62]. Es wäre daher notwendig, „zumindest noch darüber zu reden, daß und warum die Kirche nicht als ganze gleichmäßig im Zeitlich-Politischen engagiert sein kann"[63]. Hier den *rechten praktischen Standpunkt* zu finden und ihn *theoretisch verständlich zu erklären,* ist eine Aufgabe, von deren Bewältigung die Bewertung der Katholischen Soziallehre im internationalen Bereich weitgehend abhängen wird.

---

[1] *Rudolf Henning:* Artikel „Katholische Soziallehre", in: *Alfred Klose et al. (Hrsg.):* Katholisches Soziallexikon, 2. Aufl. Innsbruck, Wien, München (Tyrolia) und Graz, Wien, Köln (Styria) 1980, Sp. 1307.

[2] *Stephan Verosta:* Artikel „Völkerrecht", in: *Alfred Klose et al. (Hrsg.):* Katholisches Soziallexikon, 2. Aufl., a.a.O., Sp. 3271.

[3] Vgl. *Stephan Verosta:* Die Geschichte des Völkerrechts. V.: Das Europäische Staatensystem und das „Klassische Völkerrecht", in: *Alfred Verdross:* Völkerrecht, 5. Aufl. Wien (Springer) 1964, S. 63 ff. (Rechts- und Staatswissenschaften, Bd. 10).

[4] Vgl. *Alfred Verdross:* Die klassische spanische Völkerrechtslehre und ihre Weiterbildung durch die letzten Päpste und das Zweite Vatikanische Konzil, in: Estudios de derecho internacional. Homenaje a D. Antonio de Luna. Madrid (Instituto Francisco de Vitoria) 1968, S. 465 ff.

[5] Vgl. *Alfred Verdross:* Abendländische Rechtsphilosophie. Ihre Grundlagen und Hauptprobleme in geschichtlicher Schau, 2. Aufl. Wien (Springer) 1963, S. 68 ff. (Rechts- und Staatswissenschaften, Bd. 16).

[6] Vgl. *Alfred Verdross:* Abendländische Rechtsphilosophie, a.a.O., S. 71 ff. („Das dreistufige Gesetz im System des hl. Thomas").

[7] Vgl. *Peter Leisching:* Der Begriff des bonum commune bei Thomas, in: Österreichische Zeitschrift für öffentliches Recht und Völkerrecht, Bd. 11 (1961), S. 15 ff., sowie *Alfred Verdross:* Begriff und Bedeutung des „bonum commune", in: San Tommaso e la filosofia del diritto oggi. Rom (Pontificia Accademia romana di S. Tommaso d'Aquino) 1974, S. 279 ff.

[8] Vgl. *Alfred Verdross:* Il „bonum commune humanitatis" nella dottrina del Suarez a Giovanni XXIII, in: Rivista internazionale di filosofia del diritto, Bd. 44 (1967), S. 2 ff., sowie *Alfred Verdross:* Der klassische Begriff des „bonum commune humanitatis", in: Österreichische Zeitschrift für öffentliches Recht und Völkerrecht, Bd. 28 (1977), S. 143 ff.

[9] Vgl. dazu *Peter Fischer und Heribert Franz Köck:* Allgemeines Völkerrecht. Ein Grundriß. Eisenstadt (Prugg) 1980, S. 9.

[10] Vgl. *Alfred Verdross:* Abendländische Rechtsphilosophie, a.a.O., S. 92 ff.

[11] Vgl. *Alfred Verdross:* Abendländische Rechtsphilosophie, a.a.O., S. 94 f.

[12] Die Aussonderung des Völkerrechts als „ius inter gentes" aus dem älteren „ius gentium" (das zwischenstaatliche *und* innerstaatliche Normen bzw. Grundsätze enthielt) geht auf *Francisco de Vitoria O. P.* (1486? - 1546) zurück, der sie zum ersten Male in seiner „Relectio de Indis" (posthum — auch 1580 in Ingolstadt — veröffentlicht) durchführte. Vgl. auch allgemein *Rolf Hentschel:* Franciscus de Vitoria und seine Stellung im Übergang vom mittelalterlichen zum neuzeitlichen Völkerrecht. Ein Beitrag zur Geschichte der Völkerrechtswissenschaft, in: Zeitschrift für öffentliches Recht, Bd. 17 (1937), S. 319 ff.

[13] Vgl. *Alfred Verdross:* Abendländische Rechtsphilosophie, a.a.O., S. 69 und S. 75.

[14] Vgl. *Alfred Verdross:* Völkerrecht, a.a.O., S. 17 ff.

[15] Vgl. *Peter Fischer und Heribert Franz Köck:* Allgemeines Völkerrecht, a.a.O., S. 56 ff.

[16] Vgl. *Robert Regout:* La Doctrine de la Guerre Juste de Saint Augustin à nos jours d'après les Théologiens et les Canonistes Catholiques. Paris (Pedone) 1935, sowie *Heribert Franz Köck:* Die völkerrechtliche Stellung des Heiligen Stuhls. Dargestellt an seinen Beziehungen zu Staaten und internationalen Organisationen. Berlin (Duncker & Humblot) 1975, S. 470 f.

[17] Vgl. *Heribert Franz Köck:* Die völkerrechtliche Stellung des Heiligen Stuhls, a.a.O., S. 463.

[18] Vgl. *Alfred Verdross:* Abendländische Rechtsphilosophie, a.a.O., S. 112.

[19] Vgl. *Emeric de Vattel:* Droit des gens, ou principes de la loi naturelle appliqués à la conduite et aux affaires des nations et des souverains (London 1758 und öfters), Buch II, Kap. I, § 3. Vgl. auch *Alfred Verdross:* Völkerrecht, a.a.O., S. 30.

[20] Vgl. dazu u. a. *Hanspeter Neuhold (Hrsg.):* Neue Internationale Wirtschaftsordnung und Österreich. Wien 1978.

[21] Vgl. dazu *Ignaz Seidl-Hohenveldern:* International Economic Soft Law, in: Recueil des Cours de l'Académie de Droit International de la Haye, Bd. 163 (1979), S. 165 ff.

[22] Acta Apostolicae Sedis, Bd. 58 (1966), S. 1025 ff.

[23] Art. 84. Deutscher Text hier und im folgenden zitiert nach dem Kommentarwerk zum Lexikon für Theologie und Kirche: Das Zweite Vatikanische Konzil, hrsg. von *Heinrich Suso Brechter et al.* Freiburg, Basel, Wien (Herder) 1968, Bd. 3, S. 281 ff.

[24] In seiner Enzyklika „Populorum progressio" aus dem Jahre 1967, Acta Apostolicae Sedis, Bd. 59 (1967), S. 257 ff., deutscher Text in Herder-Korrespondenz, Bd. 21 (1967); die genannte Stelle auf S. 225.

[25] Enzyklika „Mater et Magistra" aus dem Jahre 1961, Acta Apostolicae Sedis, Bd. 53 (1961), S. 401 ff.; deutscher Text zitiert nach *René Coste:* Kom-

mentar zum Zweiten Abschnitt des Fünften Kapitels des Zweiten Teiles von „Gaudium et spes", in: Kommentarwerk zum Lexikon für Theologie und Kirche: Das Zweite Vatikanische Konzil, a.a.O., Bd. 3, S. 567 (Art. 157).

[26] Enzyklika „Populorum progressio", Erster Teil; vgl. *Heribert Franz Köck:* Die völkerrechtliche Stellung des Heiligen Stuhls, a.a.O., S. 529 („Der heilige Stuhl und der Fortschritt der Völker").

[27] Pastoralkonstitution „Gaudium et spes", Art. 83.

[28] Acta Apostolicae Sedis, Bd. 58 (1966), S. 1025 ff.

[29] Acta Apostolicae Sedis, Bd. 59 (1967), S. 257 ff.

[30] Zum Beispiel in seiner Weihnachtsbotschaft vom 24. Dezember 1952, Acta Apostolicae Sedis, Bd. 45 (1953), S. 33 ff. — Eine systematische Sammlung der Lehren von *Pius XII.* zu Entwicklungsfragen bietet das Werk von *Arthur F. Utz* und *Joseph F. Groner:* Soziale Summe Pius' XII. Aufbau und Entfaltung des gesellschaftlichen Lebens, 3 Bde. Freiburg i. Ue. (Paulus) 1954 ff.

[31] So die Enzykliken „Mater et Magistra" aus dem Jahre 1961, Acta Apostolicae Sedis, Bd. 53 (1961), S. 401 ff. und „Pacem in terris" aus dem Jahre 1963, Acta Apostolicae Sedis, Bd. 55 (1963), S. 257 ff.

[32] Hier sind vor allem seine Weltfriedensbotschaften zu nennen; deren deutscher Text samt Kommentaren findet sich bei *Donato Squicciarini (Hrsg.):* Die Weltfriedensbotschaften Papst Pauls VI. Berlin (Duncker & Humblot) 1979.

[33] Enzyklika „Redemptor hominis" aus dem Jahre 1979, L'Osservatore Romano, deutsche Ausgabe vom 25. März 1979, Dokumentenbeilage; Ansprache vor der Generalversammlung der Vereinten Nationen, L'Osservatore Romano, deutsche Ausgabe vom 5. Oktober 1979, Dokumentenbeilage.

[34] Vgl. des näheren die in Anmerkung 32 genannte Veröffentlichung.

[35] Unter „Dritter Welt" versteht man alle Entwicklungsländer, also hauptsächlich die lateinamerikanischen, afrikanischen und asiatischen Staaten. Vor allem im afro-asiatischen Bereich gibt es viele erst in jüngerer und jüngster Zeit aus der Kolonialherrschaft entlassene Staaten. Über diese vgl. *Walter Rudolf:* Neue Staaten im Völkerrecht, in: Archiv des Völkerrechts, Bd. 17 (1976/78), S. 1 ff.

[36] Eine Übersicht über diese Problematik und die Möglichkeiten der Vereinten Nationen und ihrer Spezialorganisationen, hier zur Abhilfe beizutragen, findet sich im sog. *Jackson-Report:* A Study of the Capacity of the United Nations Development System, 2 Bde. Genf (United Nations) 1969.

[37] Einen kurzen und treffenden Einblick gibt Kapitel II, B: „The Conference in the Context of the Economic and Social Conditions Obtaining in the World at the Outset of the 1980s" des Report of the Third General Conference of the United Nations Industrial Development Organization, New Delhi, 21 January to 9 February 1980, Document ID/CONF. 4/22, S. 23 f.

[38] Vgl. *Heribert Franz Köck und Peter Fischer:* Grundzüge des Rechts der internationalen Organisationen. Eisenstadt (Prugg) 1981, Abschnitt „UNCTAD", S. 322 u. 324.

[39] Vgl. die in Anmerkung 37 zitierte Quelle, S. 24.

[40] Ein System, das den Profit als den alleinigen Motor des wirtschaftlichen Fortschritts ansieht, hat schon *Pius XI.* in der Enzyklika „Quadragesimo anno" verurteilt; siehe Acta Apostolicae Sedis, Bd. 23 (1931), S. 212.

[41] Enzyklika „Populorum progressio", Erster Teil, mit Verweis auf „Mater et Magistra", Acta Apostolicae Sedis, Bd. 53 (1961), S. 414. Vgl. *Heribert Franz Köck:* Die völkerrechtliche Stellung des Heiligen Stuhls, a.a.O., S. 530 und Anm. 60.

[42] Pastoralkonstitution „Gaudium et spes", Art. 83 und 84.

[43] Pastoralkonstitution „Gaudium et spes", Art. 90.

[44] Vgl. Annuario Pontificio 1979. Vatikanstadt (Libreria Editrice Vaticana) 1979, „Note storiche", S. 1485, siehe auch S. 1071. Vgl. weiters *Heribert Franz Köck:* Die völkerrechtliche Stellung des Heiligen Stuhls, a.a.O., Dritter Teil: „Völkerrechtliche Beziehungen des Heiligen Stuhls zu den internationalen Organisationen", S. 479 ff., sowie *Heribert Franz Köck:* Die multilaterale Diplomatie des Heiligen Stuhls, in: Österreichisches Archiv für Kirchenrecht, Bd. 32 (1981).

[45] Acta Apostolicae Sedis, Bd. 57 (1967), S. 135.

[46] Vgl. *Heribert Franz Köck und Peter Fischer:* UNIDO III — Kein Meilenstein zu einer Neuen Internationalen Wirtschaftsordnung, in: Österreichische Zeitschrift für Außenpolitik, Bd. 20 (1980), S. 103 f.

[46] Pastoralkonstitution „Gaudium et spes", Art. 86.

[48] Vgl. *Josef Marko:* Artikel „Weltwirtschaftsordnung", in: *Alfred Klose et al. (Hrsg.):* Katholisches Soziallexikon, a.a.O., Sp. 3327.

[49] Enzyklika „Populorum progressio", Zweiter Teil, sowie Pastoralkonstitution „Gaudium et spes", Art. 86.

[50] Vgl. dazu allgemein *Anton Burghardt:* Artikel „Gesellschaftspolitik", in: *Alfred Klose et al. (Hrsg.):* Katholisches Soziallexikon, a.a.O., Sp. 935.

[51] Pastoralkonstitution „Gaudium et spes", Art. 85.

[52] Pastoralkonstitution „Gaudium et spes", Art. 88.

[53] Pastoralkonstitution „Gaudium et spes", Art. 88.

[54] Vgl. *Peter Jünnemann:* Artikel „Caritas", in: *Alfred Klose et al. (Hrsg.):* Katholisches Soziallexikon, a.a.O., Sp. 355 ff.

[55] Vgl. *Heribert Franz Köck:* Um zum Frieden zu gelangen, zum Frieden erziehen. Betrachtungen zur Friedensmission der katholischen Kirche, in: *Donato Squicciarini (Hrsg.):* Die Weltfriedensbotschaften Papst Pauls VI., a.a.O., S. 218 ff.

[56] Vgl. *Anton Burghardt:* Eigentumskontroverse und Eigentumswirklichkeit, in: *Alois Brusatti et al. (Hrsg.):* Soziologie und Sozialpolitik. Ausgewählte Schriften von Anton Burghardt aus Anlaß seines 70. Geburtstages. Berlin (Duncker & Humblot) 1980, S. 117 ff., sowie *J. Heinz Müller:* Artikel „Eigentum", in: *Alfred Klose et al. (Hrsg.):* Katholisches Soziallexikon, a.a.O., Sp. 503.

[57] Eine Durchsicht der einschlägigen *Summary Records* zeigt dies (soweit das Abstimmungsverhalten durch *roll call* festgehalten ist) deutlich.

[58] Der frühere Substitut des Staatssekretariats Seiner Heiligkeit und gegenwärtige Erzbischof von Florenz, *Kardinal Giovanni Benelli,* hat dies so ausgedrückt: „Inviting her sons to commit themselves in earthly affairs, the Church does not intend in any way to identify herself with this or that international organization engaged in regulating the social relations of men and peoples ..." (L'Osservatore Romano, englische Ausgabe vom 30. November 1972). Vgl. auch *Agostino Kardinal Casaroli:* Der Heilige Stuhl und die Völkergemeinschaft. Reden und Aufsätze, hrsg. von *Herbert Schambeck.* Berlin (Duncker & Humblot) 1981, passim.

[59] Vgl. *Rudolf Henning:* Artikel „Katholische Soziallehre", in: *Alfred Klose et al. (Hrsg.):* Katholisches Soziallexikon, a.a.O., Sp. 1311.

[60] Pastoralkonstitution „Gaudium et spes", Art. 89.

[61] Pastoralkonstitution „Gaudium et spes", Art. 89.

[62] So etwa seitens der „Theologie der Befreiung", vgl. *Rudolf Henning:* Artikel „Katholische Soziallehre", in: *Alfred Klose et al. (Hrsg.):* Katholisches Soziallexikon, a.a.O., Sp. 1310.

[63] *Rudolf Henning:* Artikel „Katholische Soziallehre", in: *Alfred Klose et al. (Hrsg.):* Katholisches Soziallexikon, a.a.O., Sp. 1310. Siehe zu diesen Fragen auch *Anton Burghardt:* Katholische Soziallehre. Anmerkungen zu ihren Konstanten und Variablen, in: *Alois Brusatti et al. (Hrsg.):* Soziologie und Sozialpolitik, a.a.O., insbes. S. 193 ff.

ZUR KULTURORDNUNG

Von Alfred Klose, Wien

A. Grundlegung

Die Katholische Soziallehre geht von einem weiten Kulturbegriff aus. In diesem Sinn versteht etwa *Johannes Messner* darunter alle Lebensäußerungen und Lebensbereiche des Menschen, „also Gesellschaftsordnung, Staat, Wirtschaft und Technik nicht weniger als Kunst, Literatur, Wissenschaft und Politik“[1]. Jede Form einer Kultur entsteht im *gesellschaftlichen Zusammenwirken der Menschen,* ist letztlich alles das, was der Mensch in seinem vielseitigen Tätigsein an Werten hervorbringt, denen eine gewisse Beständigkeit zukommt. Nun weist gerade die Katholische Soziallehre auch immer darauf hin, daß der Mensch seiner Natur nach, aber auch „als Folge eines natürlichen Funktionsmankos des einzelnen Individuums, auf den Mitmenschen hin angelegt“ *(Anton Burghardt)* ist[2]. Kulturelle Werte bringt der Mensch auf jeden Fall nur in gesellschaftlicher Verbundenheit zustande.

Ein weiteres Merkmal der Wesensbestimmung der Kultur durch die Katholische Soziallehre ist der enge Zusammenhang zur Arbeit, der sehr deutlich hervortritt: Ausgehend von dem im Buch Genesis gegebenen Kulturauftrag „Macht Euch die Erde untertan“ wird die Arbeit als *Teilnahme am Werk der Schöpfung* angesehen, wie gerade die Enzyklika „Laborem exercens“ wieder so deutlich herausstellt. Die Enzyklika sagt, daß der Mensch eben dieses Werk der Schöpfung „im Rahmen seiner menschlichen Möglichkeiten in gewissem Sinn weiterentwickelt und vollendet, indem er unaufhörlich voranschreitet in der Entdeckung der Schätze und Werte, welche die gesamte Schöpfung in sich birgt“[3].

Schon in der Pastoralkonstitution über die Kirche in der Welt von heute wird herausgestellt, daß es in der Person des Menschen selbst begründet sei, daß sie „nur durch Kultur, d. h. durch die entsprechende Pflege der Güter und Werte der Natur, zur wahren und vollen Verwirklichung des menschlichen Wesens“ gelange[4].

Kultur ist wesenhaft mit der *Sprache als Ausdrucksform des geistigen Schaffens* des Menschen verbunden. *Ferdinand Ebner* sagt dazu, daß eben diese Sprache „die Persönlichkeit der Beziehung des Ichs zum Du zur Voraussetzung“ habe[5]. Auch hier kommt der Gedanke der gesellschaftlichen Verbundenheit besonders zum Ausdruck. So wird schon die sprachliche Verbindung zwischen den Menschen zu einer Grundvoraussetzung der Kultur. So vielfältig die Ausdrucksformen des kulturellen Schaffens auch sein mögen, so sehr dieses in manchen Bereichen vor allem der Kunst sich als Ergebnis der Arbeit einzelner Menschen darstellt: ist immer Kultur in allen ihren Ausprägungen gesellschaftsbezogen. Dies ist letztlich in der Sozialnatur des Menschen selbst begründet, worauf gerade die Katholische Soziallehre immer wieder so deutlich hinweist.

B. Kulturordnung und Freiheitsprinzip

I. *Anton Burghardt* umschreibt die Kultur als „die relativ koordinierte und überwiegend in Symbolen ausgewiesene Gesamtheit der im Lebensbereich sozialer Großsysteme von Generation zu Generation weitergegebenen Verhaltensmuster“[6]. Gerade das Kennzeichen einer nur *relativen Koordinierung* ist von Bedeutung. Geht es doch bei der Kultur um so vielfältige und vielseitige geistige Aktivitäten in den verschiedensten Lebens- und Gesellschaftsbereichen, so daß eine Koordinierung umfassender Art zunächst gar nicht möglich ist, aber auch nur dazu führen würde, jene Impulse zu *unterdrücken*, die kulturelles Leben einfach braucht. Ist doch der kulturelle Fortschritt mehr oder minder in allen Bereichen sehr stark von *Initiativen einzelner Menschen* bedingt, setzt er doch immer wieder gewaltige geistige Konzentration und gezielte Bemühungen einzelner Menschen voraus, die nicht koordinierbar, nicht lenkbar sind, die sich bestmöglich dann entfalten, wenn eine staatlich organisierte Gesellschaft weitgehende Freiheitsrechte des Einzelnen sicherstellt.

So ist die Verwirklichung einer *funktionsfähigen Freiheitsordnung* ein Grundanliegen einer Gesellschaftspolitik, die sich um eine Kulturordnung bemüht, welche das Freiheitsprinzip als erstrangigen Wert anerkennt. *Johannes Messner* hat deutlich gemacht, daß Organisation immer nur Voraussetzung der Ordnung sein kann[7].

II. In der Umschreibung der Kultur durch *Anton Burghardt*, wie sie eben dargestellt wurde, kommt der *Tradition* große Bedeutung zu. Nun ist nicht nur konservative Gesellschaftspolitik im kulturellen Bereich besonders „durch die Hinordnung auf das geschichtlich Gewordene, auf das kulturelle Erbe“ *(Hans Reithofer)*[8] gekennzeichnet, sondern letztlich jedes Bemühen um zukunftsweisendes kulturelles Wirken. Gerade die Katholische Soziallehre ist sich der großen geschichtlichen

Zusammenhänge in der kulturellen Entwicklung immer besonders bewußt gewesen. Hat sie doch — wie wohl keine andere Institution in der menschlichen Gesellschaft — das *Bild einer weltweiten Kirche* vor sich, die bei aller geschichtlichen Veränderung dennoch durch die Jahrhunderte und Jahrtausende hin starke Elemente der Tradition zum Ausdruck gebracht hat. Auf jeden Fall gehört die Katholische Kirche zu jenen Institutionen, die immer wieder gerade in Zeiten weitreichender Umbrüche und revolutionärer Entwicklungen auf die Wiederaufnahme traditioneller Wert und Lebensformen gedrängt haben.

In diesem Sinn verweist auch die Katholische Soziallehre immer wieder auf die Tatsache, daß gerade die politischen Systeme jener Staaten, die über eine einigermaßen geordnete politische und soziale Entwicklung verfügen, zeigen, daß hier immer auch *starke Kräfte der Tradition* wirksam geworden sind. Kultur ist ihrem Wesen nach ohne Übernahme bestimmter Grundwerte, bestimmter Symbole und Verhaltensmuster *über die Generationen hinweg* nicht denkbar. Darin stimmen wohl mehr oder minder alle Vertreter der Katholischen Soziallehre mit *Anton Burghardt* überein; in besonderer Weise gilt dies für *Johannes Messner*, wie gerade in dessen Kulturethik immer wieder so deutlich hervortritt[9].

III. Wie wichtig die Sicherung des persönlichen Entscheidungsspielraumes in der menschlichen Gesellschaft ist, kann die moderne Soziologie am Beispiel der *Primärgruppen* nachweisen, jener kleineren gesellschaftlichen Einheiten, die durch ihre Kontakte und Überschaubarkeit besonders leistungsfähig und kreativ sein können, wenn sie sich in bestmöglicher Harmonie entfalten. Auch die Großorganisationen unserer komplexen Gesellschaft brauchen diese Primärgruppen, in denen sich der Einzelne mehr geborgen fühlt, in denen aber auch durch enge Zusammenarbeit innerhalb der Gruppen entsprechende Leistungen sichergestellt werden können, wenn eine klare Abgrenzung der Verantwortungsbereiche gegeben ist. Für die kulturelle Entwicklung ist die Sicherung des persönlichen Entscheidungsspielraumes und der *Wirksamkeit der kleineren Gruppen* ganz besonders wichtig, weil es hier so stark auf die Impulse ankommt, auf das „Ungeplante", auf das Schöpferische, letztlich auf jene Kräfte, die in regem Gedanken- und Ideenaustausch nahe verbundener Menschen wirksam werden.

Gerade im Zusammenhang mit den Primärgruppen sei auf die große und entscheidende *Bedeutung der Familie* verwiesen, jener kleinsten Gruppe in der Gesellschaft, die gerade für die geistig-kulturelle Entwicklung — aber nicht nur für diese — unersetzbar ist, von der immer noch in maßgebender Weise das kulturelle Leben mitgeprägt und mitgeformt wird. Der Staat, der eben diese Familie in ihren Wirkungsmöglichkeiten und in ihrer Existenzweise beschränkt, zerstört damit auch wichtige Grundkräfte des kulturellen Lebens.

IV. Es ist wieder *Anton Burghardt,* der sagt, jedem System sei Kultur eingeboren[10]. Das mag an sich richtig sein. Dennoch *unterscheiden* sich die verschiedenen Gesellschaftssysteme sehr wesentlich *im Ausmaß,* in dem kulturelle Werte richtungweisend für die Entwicklung in den verschiedenen Gesellschaftsbereichen sind, aber auch *in der Art,* wie eben dieses kulturelle Schaffen zugelassen, angeregt und gefördert wird. Beim Vergleich politischer Systeme geht es immer wieder darum, zu prüfen, wie weit diese in der Lage sind, neu auftretende Probleme lösen zu können.

Wir erleben dies in unserer Kultur immer wieder am Beispiel des *Umweltproblems.* Die Gleichgültigkeit, in der etwa totalitäre Systeme vielfach einer Luftverschmutzung großer Wohngebiete gegenüberstehen, ist ebenso ein negatives Kennzeichen für den kulturellen Entwicklungsstand als auch letztlich für das politische System selbst, das offensichtlich nicht in der Lage ist, jene innovatorischen Voraussetzungen zu bieten, die bestimmte neu gegebene Anforderungen notwendig machen. Kultur bedarf neben der Weitergabe und Hochschätzung bewährter Symbole, Muster und Modelle eben einer *umfassenden Bereitschaft zur Innovation,* zur immer neu notwendigen geistigen Erneuerung, letztlich jener Fähigkeit zur optimalen Verbindung des Gestern mit dem Morgen. Darin liegt jene „Chance des noch nicht", in der nicht nur in Anlehnung an *Ernst Bloch* jede Zukunftshoffnung auch für die geistig-kulturelle Entwicklung begründet ist[11].

V. *José Ortega y Gasset* weist eindrucksvoll nach, daß in der vielseitigen Selbstentfremdung in unserer Zeit der Mensch seine wesentlichste Eigenschaft verliere, „die Fähigkeit, nachzudenken, sich in sich selbst zu sammeln"; gerade in dieser Fähigkeit liegt die Chance zur Kultur. Nun bedroht gerade eine gegenteilige Entwicklung diese Möglichkeiten immer mehr. Um wieder mit *Ortega* zu sprechen, ist es nicht zuletzt „die Verstaatlichung des Lebens, die Einmischung des Staates in alles, die Absorption jedes spontanen Antriebs durch den Staat": eben die *Unterdrückung der Spontaneität,* die Einschränkung jener schöpferischen Kräfte im Menschen, die ein immer mehr sozialisierter Kulturbetrieb mit sich bringt[12]. Kulturordnung als Staatsaufgabe bedeutet so gesehen letztlich die *Sicherstellung jener Freiheitsräume,* die jene vielseitigen und geistigen Aktivitäten ermöglichen soll, von denen der kulturelle Fortschritt immer wieder angeregt und bestimmt wird.

C. Kulturpolitik als Gesellschaftspolitik

I. Eine am Freiheitsprinzip orientierte Kulturpolitik muß also alles daransetzen, um alle *Begabungsreserven zu erschließen*, muß vor allem Barrieren wegräumen, die sich einer Chance zur kulturellen Betätigung entgegenstellen. In diesem Sinn geht es um ein Schulwesen, das nicht nur unentgeltlich allen Kindern und Jugendlichen offensteht, sondern das auch in regionaler Hinsicht *möglichste Chancengleichheit* garantiert. Sicher genügt dazu nicht die Übernahme der Fahrtkosten in den öffentlichen Verkehrsmitteln oder die Zurverfügungstellung eigener Transportsysteme für die Schulen, sondern es müssen vielfach auch Formen der Ausgleichsfinanzierung für jene Familien sichergestellt werden, die größere Entfernungen zwischen Wohnort und Schulort überbrücken müssen, dies vor allem auch bei bestimmten Schultypen durch die Finanzierung des Aufenthaltes am Schulort zumindestens während der Schulwoche. Ebenso wichtig ist der freie Zugang zum Hochschulwesen. Die bisherigen Erfahrungen mit Systemen eines „Numerus clausus“ zeigen die *Problematik formaler Antrittsbeschränkungen* sehr deutlich.

Eine freiheitsorientierte Kulturpolitik muß aber viele weitere Maßnahmen setzen, um die Erschließung möglichst aller Begabungsreserven sicherzustellen. Dazu gehören *Förderungsaktionen* der vielfältigsten Art für künstlerische Berufe und jene schwer organisierbare Ausbildungsformen, die sich gerade für jene jungen Menschen als notwendig erweisen, die nicht ohne weiteres in das herkömmliche Bildungssystem einbezogen werden können. Hier gilt es, möglichst viel auf Institutionen zu verlagern, in denen eine gewisse *Privatinitiative* sich mit öffentlicher Förderung verbindet. Auf keinen Fall darf es der Ehrgeiz der staatlichen Kulturpolitik sein, alles an sich ziehen zu wollen. Gemeinden, Vereine der vielfältigsten Art und nicht zuletzt *Bildungseinrichtungen der großen Religionsgemeinschaften* leisten hier schon heute sehr viel; die Effektivität dieser kulturellen Aktivitäten könnte durch eine umfassende Förderung noch wesentlich verstärkt werden.

II. Eine Kulturpolitik als Gesellschaftspolitik ist aber nicht nur darauf bedacht, kulturelle Impulse im Bereich der Ausbildung und des kulturellen Schaffens zu setzen. Es muß hier vielmehr auch darum gehen, die Chancen zur *Teilnahme am kulturellen Leben* möglichst zu verbreitern. In einer Zeit, in welcher viel über die „neue“ soziale Frage diskutiert wird, in der die Probleme der Randschichten immer mehr zu einem Hauptanliegen der Sozialpolitik werden, kann auch die Kulturpolitik an diesen Gegebenheiten nicht vorbeigehen. Es genügt nicht, wenn den in ungünstiger räumlicher Randlage lebenden Bevölkerungsschichten oder den einkommensschwächsten Gruppen gerade die Möglichkeit zum „Kulturkonsum“ über einige Massenmedien und insbesondere das Fernsehen bleibt.

Gerade im Denken von *Anton Burghardt* wird immer wieder deutlich, daß die Sozialpolitik nach Überwindung der elementaren Not immer mehr vom *Prinzip der sozialen Gerechtigkeit* bestimmt werden müßte, dies auch bei der Verteilung jener Leistungen, die jenseits der physischen Existenzsicherung liegen. Diese soziale Gerechtigkeit sieht — folgen wir *Burghardt* — vom „strengen Gleichmaß bei der Festlegung von Leistung und Gegenleistung“ ab; sie zielt aber darauf ab, jedem das Seine zu geben[13]. *Anton Burghardt* folgt hier *Johannes Messner*, der im „suum cuique“ einen entscheidenden Grundsatz für eine Gesellschaftspolitik nach dem Maß der Gerechtigkeit sieht[14]. Wir müssen uns freilich erst mehr daran gewöhnen, daß das „Spektrum der sozialpolitischen Anforderungen und Maßnahmen“ *(Emmerich Talos)*[15] zwar laufend eine Ausweitung erfährt, aber dies auch für den *kulturellen Sektor stärker* der Fall sein muß.

III. Kulturpolitik als Gesellschaftspolitik zielt aber nicht nur auf den Freizeitbereich. Immer entscheidender werden die kulturpolitisch relevanten Zielsetzungen im Bereich der Berufs- und Arbeitswelt. *Anton Burghardt* bringt klar zum Ausdruck, daß das Subsystem der Wirtschaft „trotz seiner Bindung an sachliche Produktionsinstrumente (Kapital)“ auch in komplexen Gesellschaften in seinem Kern eine Mensch-Mensch-Beziehung ist; soweit stabilisierte Verhaltensweisen gegeben sind, kann man von einer systemimmanenten wirtschaftlichen Kultur sprechen[16]. Die Enzyklika „Laborem exercens“ zeigt die Gefahren für die geistig-kulturelle Entwicklung sehr eindrucksvoll auf, die durch eine „Bedrohung der rechten Wertordnung“ im *Bereich der Arbeitswelt* kommen können[17]. Gerade die fortschreitende Technisierung und Automatisierung des Produktionsprozesses bringt hier neue Gefahren; so zeigt etwa die Schichtarbeit in manchen Bereichen geradezu existenzbedrohende Wirkungen für das Familienleben[18].

Unternehmungen und Betriebe sind nicht nur ökonomische Einrichtungen, sondern auch wichtige *sozial-kulturelle Gebilde*. Gerade die Katholische Soziallehre hat sich immer bemüht, den Menschen in seiner sozialen Verbundenheit in Einheiten größerer Art zu sehen, hat die Bedeutung der Geborgenheit des Menschen in seiner Umwelt immer wieder sehr deutlich herausgestellt. Die Pastoralkonstitution über die Kirche in der Welt von heute des II. Vatikanischen Konzils zeigt in diesem Sinn in eindrucksvoller Weise auf, daß die Christen „alle irdischen Tätigkeiten so ausüben können, daß sie ihr menschliches, häusliches, berufliches, wissenschaftliches oder technisches Schaffen zu einer lebendigen Synthese mit den religiösen Werten verbinden"[19]. Gerade hier tritt die Sicht vom Ganzen her besonders deutlich in Erscheinung.

IV. Neben einer bestimmten einkommenspolitischen Absicherung der Teilnahme möglichst aller Menschen am kulturellen Leben geht es auch um bestimmte *eigentumspolitische Zielsetzungen*. Ist doch kulturelles Engagement zumindestens in sehr wichtigen Bereichen auch mit bestimmten Eigentumsformen verbunden. So ermöglichen Haus und Garten bestimmte Gestaltungsmöglichkeiten, denen auch eine geistig-kulturell wichtige Funktion zukommt. Auf jeden Fall zeigen sich immer wieder deutliche Zusammenhänge zwischen kulturellem und besonders künstlerischem Engagement und gewissen äußeren Voraussetzungen, unter denen die Wohnumwelt eine gewichtige Bedeutung hat. Sicher gibt es dafür auch Gegenbeispiele: hochbegabte Künstler können auch unter ungünstigsten Voraussetzungen bedeutende Werke hervorbringen. Es handelt sich aber hier um Ausnahmen.

In der normalen Situation des menschlichen Lebens müssen gewisse äußerlich günstige Voraussetzungen gegeben sein, um etwa Hausmusik zu betreiben, um geistig regsame über die Familie hinausgehende Geselligkeit zu pflegen, um etwa bestimmte kulturell wertvolle Handarbeiten und handwerkliche Fertigkeiten auszuführen. So kann eine Gesellschaftspolitik, die auf eine entsprechende *Eigentumsstreuung* — so vor allem im Bereich der Wohnungswirtschaft — bedacht ist, auch eine wesentliche Förderung kultureller Aktivitäten sicherstellen. *Anton Burghardt* versteht unter einer solchen Eigentumsstreuung die Schaffung bestimmter politischer und legistischer Voraussetzungen, um einer „optimal großen Zahl von Angehörigen eines sozialen Systems Eigentumsrechte (auch) an Produktionsmitteln zu verschaffen"[20]. Für die Kulturpolitik mag die *Eigentumsstreuung am „konkreten" Eigentum* mehr Bedeutung haben, so nicht zuletzt im Wohnbereich.

V. Es wurde schon darauf hingewiesen, daß für eine zukunftsweisende Kulturpolitik eine *Sicht vom Ganzen her* wichtig sei. Dies gilt auch im wörtlichen Sinn. Gerade in unserer Zeit wächst das Verständnis für kulturpolitische Initiativen, die sich an solchen Ganzheiten orientieren. Als besonders eindrucksvolles Beispiel sei auf den *Städtebau* hingewiesen, wo wieder mehr die Bedeutung der Ensembles hervortritt, wo man bemüht ist, gewisse städtebauliche Schwerpunkte und kleinere Einheiten deutlicher aus der Sicht des Ganzen hervortreten zu lassen. Dies gilt nicht nur für restaurative Bemühungen, etwa im Zumenhang mit der Sanierung von Altstadtkernen, sondern vielfach auch für zukunftsweisende Bauplanungen. *Hans Koepf* zeigt aufgrund anschaulicher Beispiele der Stadtbaukunst in Österreich die Tatsache auf, daß man etwa bei Bemühungen um die Erhaltung solcher Stadtkerne auch von einer Sicht des Ganzen ausgehen müsse. Die geschlossene Wirkung einer alten Stadt beruhe „hauptsächlich auf der gelungenen Einpassung in die Landschaft mit klarer Abgrenzung gegen ihre Umgebung". *Koepf* sagt auch, daß diese einheitlichen alten Orts- und Stadtbilder geradezu beglückend geschlossen wirken, dies in einer Welt, „die überall flexibel und mobil geworden ist, wie die Oasen einer noch heilen Umwelt"[21].

Tatsächlich sind Versuche, unserer *Wohnumwelt* wieder *mehr Geborgenheit* zu geben, auch von ganz maßgebender kultureller Bedeutung. Ist doch der Verlust dieser Geborgenheit und dieses Eingeordnetsein in einen größeren Zusammenhang der vielleicht *bedeutendste Kulturverlust* in unserer Zeit. So zählt es zu einer der wichtigsten Aufgaben einer zukunftsweisenden Gesellschaftspolitik, die dem geistig regsamen Menschen Raum zur kulturellen Betätigung sicherstellen will, ihm zunächst auch jene Voraussetzungen zu geben, die ihm ein Wirken unter bestmöglichen Umweltbedingungen ermöglichen. Je mehr diese kulturellen Zielsetzungen auch in den Mittelpunkt der Politik rücken, desto mehr wird diese selbst auch Kultursachbereich.

D. Politische Kultur und Gesellschaftsordnung

Politik soll in dem Sinn Kulturbereich sein, daß sie ein integrierender Bestandteil der Gesamtkultur ist. Wenn *Politik als Ordnungsaufgabe der Gesellschaft* verstanden wird, so ist damit deutlich, daß es sich dabei um eine *geistig-kulturelle Funktion* in der Gesellschaft handelt. Stellt doch eben diese Ordnungsaufgabe der Politik in der Gesellschaft an den menschlichen Geist in jeder geschichtlichen Phase hohe Anforderungen: gerade in unserer komplexen und vielschichtigen Gesellschaft wird dies deutlich. Politik wird zu einer Aufgabe, die nur bei Einsatz hoher intellektueller, moralischer und wissensmäßiger Mittel bestmöglich bewältigt werden kann.

Vor allem aber darf die Politik nicht als ein *Mittel zur Beherrschung* der Gesellschaft oder einzelner Gruppen angesehen werden, wenn sie Teilbereich der menschlichen Gesamtkultur sein soll. Wenn man die politischen Systeme jener Staaten, die über eine geordnete politische und soziale Entwicklung verfügen, untersucht, dann zeigt sich deutlich, daß die entscheidenden Institutionen des politischen Systems in einer *langen historischen Tradition* begründet sind. Gerade diese politischen Einrichtungen sind aber auch Bestandteile der Kultur. Sind doch Parlamente, Regierungen, über lange Zeit wirkende Parteien und Verbände mit gesellschaftspolitischen Funktionen eng mit der geistig-kulturellen

Entwicklung eines Landes verbunden. Vor allem aber gilt dies für die tragenden Institutionen der politischen Bildung.

Politische Kultur bedeutet aber auch, daß sich die *Auseinandersetzungen* in den verschiedenen Bereichen des politischen Willensbildungs- und Entscheidungsprozesses in jenen Formen vollziehen, welche der Menschenwürde entsprechen; daß sie grundsätzlich *nicht durch Mittel der Gewalt* bestimmt werden. Darüber hinaus geht es in einer politischen Kultur auch immer darum, diese Auseinandersetzungen transparent zu machen, sie den breiten Schichten der Bevölkerung zugänglich zu machen und damit auch *Mitwirkungsmöglichkeiten* auf breitester Ebene sicherzustellen.

Immer geht es aber auch darum, eben diese politische Auseinandersetzung offen und im Bewußtsein der *Verpflichtung zur Wahrhaftigkeit* zu führen. Die Lüge als Mittel der Politik ist ebenso wie die Verleumdung des politischen Gegners mit einem politischen System unvereinbar, das in einer von der Menschenwürde bestimmten politischen Kultur begründet ist. Darauf verweist auch die Enzyklika „Pacem in terris“, wo der Zusammenhang zwischen Wahrheit und Gerechtigkeit deutlich hervortritt. Die Enzyklika weist darauf hin, daß das Zusammenleben der Menschen als ein geistiges Geschehen aufzufassen ist. Die Menschen sollen „im hellen Licht der Wahrheit ihre Erkenntnisse untereinander austauschen“, dies mit dem Ziel, daß „sie ihre Rechte wahrnehmen und ihre Pflichten zu erfüllen in den Stand gesetzt werden“[22]. Gerade darin kommt das *Niveau einer politischen Kultur* in besonderer Weise zum Ausdruck.

E. Konfliktausgleich im politischen System

Wenn ein hohes Ausmaß an politischer Kultur Gewaltanwendung als Mittel der Auseinandersetzung zwischen den verschiedenen Gruppen in der Gesellschaft ausschließt, dann wird daraus die *Bedeutung des Konfliktausgleiches* bewußt. Der Realismus der Katholischen Soziallehre läßt nun nicht verkennen, daß in jeder Gesellschaft und in jeder kleineren oder größeren menschlichen Gemeinschaft immer wieder Konflikte hervortreten. Es geht n i c h t darum, diese *Konflikte auszuschließen*, sondern sie bestmöglich zu *schlichten und auszugleichen.*

Scheinbare Konfliktfreiheit gibt es nur in totalitären Systemen; dort werden die Konflikte aber nicht *gelöst*, sondern mit mehr oder minder brutaler Gewalt *unterdrückt*. In einem Gesellschaftssystem, das von hoher politischer Kultur gekennzeichnet ist, geht es um jenen Konfliktausgleich, der sich zwar des immer neuen Hervortreten von Konflikten bewußt ist, der aber versucht, die Konflikte so weit auszugleichen, daß das politische System dadurch nicht beeinträchtigt wird, daß die Gesellschaft ihre Gemeinwohlzwecke trotz gegebener Konflikte erfüllen kann. Immer geht es um die Verhinderung des „auflösenden Konfliktes", um die Ausschaltung jener Konflikte, die krisenhafte Entwicklungen mit sich bringen[23].

Heute kommt dem *Arbeitskonflikt* innerhalb der sozialen Konflikte immer noch große Bedeutung zu. Es zeigt sich aber, daß es in manchen Ländern wie Österreich und der Schweiz gelungen ist, gerade für den Arbeitskonflikt taugliche Schlichtungsmechanismen zu entwickeln; daß dagegen *neue Konflikte* ausbrechen, die mangels derartiger eingefahrener und eingeübter Ausgleichssysteme ungleich *schwerer* zu schlichten sind. Auf diese Konflikte läßt sich auch nicht immer die übliche Kennzeichnung von sozialen Konflikten anwenden, etwa in der Form, wie sie *Anton Burghardt* in der Weise umschreibt, daß sich zwei oder mehr Parteien in einer Wettbewerbssituation befinden und sich der Tatsache bewußt sind, „daß ihre Position und die korrespondierenden Absichten" mit denen der Gegenpartei im Widerspruch stehen[24]. Gerade die Erfahrungen mit dem *Kernenergiekonflikt* zeigen ja so deutlich, daß hier oft Gruppen, Organisationen, aber auch Einzelpersonen auftreten, die sehr unklare Vorstellungen über ihre Zielsetzungen haben, die sich vielfach nur über die Ablehnung bestimmter konkreter Projekte staatlicher oder halbstaatlicher Stellen einig sind. Dafür mag auch der Kernenergiekonflikt in Österreich ein Beispiel sein[25].

Die Erfahrung zeigt, daß Konflikte, die von schwer überschaubaren und *wenig organisierten Gruppierungen* ausgehen und getragen werden, ungleich schwerer unter Kontrolle zu bringen sind, als jene Auseinandersetzungen, die sich zwischen den *großen Gruppen der Gesellschaft* vollziehen, die aber durch entsprechende Organisationen vertreten sind. Dies haben die harten Auseinandersetzungen um den Bau der dritten Startbahn des Frankfurter Flughafens wieder deutlich gemacht. Gewisse Erfahrungen sprechen dafür, daß Konflikte über kulturelle Fragen im allgemeinen schwerer lösbar sind als solche über ökonomische Probleme. Dies mag daran liegen, daß die *Meßbarkeit* und Quantifizierbarkeit ökonomisch-sozialer Forderungen *leichter möglich ist;* Kompromisse lassen sich etwa bei Lohnforderungen schon deshalb leichter erzielen, weil die Lösungsmöglichkeiten zwischen der unterschiedlichen Ausgangsposition der Arbeitgeber- und Arbeitnehmerseite eben weithin quantitativ bestimmbar ist. Ganz anders ist dies bei kulturpolitischen Problemen, wo etwa die Frage der Reform einer Hochschulstudienordnung schwerwiegende und diffiziele Sachprobleme miteinschließt. Dies hat sich bei den Auseinandersetzungen um diesen

Fragenkreis im Herbst 1981 zwischen dem Wissenschaftsministerium und den Studentenorganisationen in Österreich wieder deutlich gezeigt.

Eine funktionsfähige Kulturordnung setzt voraus, daß auch zur Lösung kulturell relevanter Konflikte *Ausgleichsmechanismen* vorhanden sind, die eine Schlichtung solcher Auseinandersetzungen ermöglichen. Darüber hinaus ist die Art und Weise, wie der Konfliktausgleich in den einzelnen Bereichen der staatlich organisierten Gesellschaft erfolgt, ein wichtiges Kennzeichen des Niveaus einer politischen Kultur.

F. Kulturordnung als Herausforderung

Zusammenfassend geht es darum, die Frage der bestmöglichen Gestaltung der Kulturordnung in der pluralistischen Demokratie auch als eine zu sehen, die von einer Reihe *unterschiedlicher Verantwortungsträger* gelöst werden muß. Für die „Rahmenordnung" im Sinne der Schaffung der wesentlichen Voraussetzungen für kulturelles Wirken vielfältigster Art sind die Institutionen des Gesamtstaates zuständig. In erster Linie geht es um ein umfassendes *Grundrecht zur kulturellen Betätigung.*

Dieses geht über die Freiheit der Berufsausübung, der freien Meinungsäußerung und der Freiheit der wissenschaftlichen und künstlerischen Betätigung hinaus. Es geht aber weiters im Sinne der hier angestellten Überlegungen darum, die Chance zur intensiven *kulturellen Betätigung aller* in der staatlich organisierten Gesellschaft lebenden Menschen sicherzustellen. Gehen wir von jenem weitem Kulturbegriff aus, der im Sinne *Anton Burghardts* für die Katholische Soziallehre kennzeichnend ist, dann kann aber der *Staat allein* eben nicht diese Voraussetzungen sicherstellen. Es geht darum, daß eine große Zahl öffentlicher, halböffentlicher, vor allem aber privater Institutionen und Vereinigungen der vielfältigsten Art kulturelle Aktivitäten durchführen oder fördern muß. Je mehr es dabei gelingt, eine einseitige Staatsabhängigkeit zu vermeiden, desto besser wird sich das kulturelle Leben entwickeln können.

In dem Sinn mag es auch bedauerlich sein, daß weite Bereiche des Kulturlebens (wie in manchen unserer Staaten etwa das Theater- und das Konzertwesen) so sehr von *öffentlicher Förderung* abhängig sind bzw. der Privatinitiative vielfach zu wenig Spielraum bieten. Dies gilt in fast noch größerem Umfang für die Universitäten als entscheidende Institutionen für die wissenschaftliche Forschung und die Ausbildung elitärer Gruppen. Es wäre die Aufgabe einer zukunftsweisenden Gesellschaftspolitik, die sich um eine *breitere Basis für die Kulturordnung* bemüht, hier im Sinne einer Verminderung des Staatseinflusses mehr den Kräften der Eigeninitiative Raum zu geben. In Bundesstaaten ist schon manches mit der Dezentralisierung wichtiger kulturpolitischer Agenden auf die *Bundesländer* getan. Ebenso haben aber auch die *Gemeinden* ganz wichtige Aufgaben in der Kulturpolitik. Versteht man Kommunalpolitik als Gesellschaftspolitik, so wird dabei der kulturell relevante Sektor immer wichtiger.

Letztlich ist es aber immer wieder der geistig schaffende und kulturell wirkende Mensch, von dem die entscheidenden Impulse in geistig-kultureller Hinsicht ausgehen. Den *Freiheitsraum* dieses aktiven und initiativen Menschen sicherzustellen, bleibt somit die *entscheidende Aufgabe* der Gesellschaftspolitik im Bereich der Kulturordnung.

---

[1] *Johannes Messner:* Kulturethik mit Grundlegung durch Prinzipienethik und Persönlichkeitsethik. Innsbruck, Wien, München (Tyrolia) 1954, S. 336 ff.

[2] *Anton Burghardt:* Katholische Soziallehre. Anmerkungen zu ihren Konstanten und Variablen, in: Alfred Klose et al. (Hrsg.): Ordnung im sozialen Wandel. Festschrift für Johannes Messner zum 85. Geburtstag. Berlin (Duncker & Humblot) 1976, S. 57.

[3] *Papst Johannes Paul II.:* Enzyklyka „Laborem exercens" aus dem Jahre 1981, Kap. 25.

[4] *Zweites Vatikanisches Konzil:* Pastoralkonstitution über die Kirche in der Welt von heute „Gaudium et spes", Art. 53.

[5] *Ferdinand Ebner:* Das Wort und die geistigen Realitäten. Pneumatologische Fragmente. Frankfurt (Suhrkamp) 1980, S. 17 (Bibliothek Suhrkamp 676).

[6] *Anton Burghardt:* Einführung in die Allgemeine Soziologie, 3. Aufl. München (Vahlen) 1979, S. 59 (Wiso-Kurzlehrbücher).

[7] *Johannes Messner:* Das Naturrecht. Handbuch der Gesellschaftsethik, Staatsethik und Wirtschaftsethik, 5. Aufl. Innsbruck, Wien, München (Tyrolia) 1966, S. 825 ff.

[8] *Hans Reithofer:* Die ausgleichende Gesellschaft. Strategien der Zukunftsbewältigung. Wien (Europaverlag) 1978, S. 215 ff.

[9] *Johannes Messner:* Kulturethik, a.a.O., S. 345 ff. sowie S. 487 ff.

[10] *Anton Burghardt:* Einführung in die Allgemeine Soziologie, a.a.O., S. 59.

[11] *Ernst Bloch:* Das Prinzip Hoffnung, Bd. 3. Frankfurt (Suhrkamp) 1976, S. 129 ff.

[12] *José Ortega y Gasset:* Der Aufstand der Massen; weiters: Der Mensch und die Leute; beide Schriften zitiert nach: Gesammelte Werke in sechs Bänden. Stuttgart (DVA) 1978, Bd. III, S. 97 f. sowie Bd. IV, S. 19.

[13] *Anton Burghardt:* Lehrbuch der Allgemeinen Sozialpolitik. Berlin (Duncker & Humblot) 1966, S. 28 ff.

[14] *Johannes Messner:* Das Naturrecht, a.a.O., S. 420 ff.

[15] *Emmerich Talos:* Staatliche Sozialpolitik in Österreich. Rekonstruktion und Analyse. Wien (Verlag für Gesellschaftskritik) 1981, S. 410 f.

[16] *Anton Burghardt:* Allgemeine Wirtschaftssoziologie. Eine Einführung. Pullach (Verlag Dokumentation) 1974, S. 85.

[17] *Papst Johannes Paul II.:* Enzyklyka „Laborem exercens“, Kap. 7.

[18] *Paul Schobel:* Dem Fliessband ausgeliefert. Ein Seelsorger erfährt die Arbeitswelt. München / Mainz (Kaiser / Grünewald) 1981, S. 115 (Gesellschaft und Theologie. Sozialwissenschaftliche Analysen).

[19] Pastoralkonstitution „Gaudium et spes“, Art. 43.

[20] *Anton Burghardt:* Eigentumssoziologie. Versuch einer Systematisierung. Berlin (Duncker & Humblot) 1980, S. 70 f.

[21] *Hans Koepf:* Stadtbaukunst in Österreich. Salzburg (Residenz) 1972, S. 5 ff.

[22] *Alois Wagner:* „Pacem in terris“ — Würdigung und Ausblick, in: *Rudolf Weiler* und *Jakob Weinbacher (Hrsg.):* Pacem in terris. Die Friedensenzyklika. Wien, München (Herold) 1974, S. 15 ff.

[23] *Jakobus Wössner:* Soziologie. Einführung und Grundlegung, 6. Aufl. Wien, Köln, Graz (Böhlau) 1975, S. 214 ff.

[24] *Anton Burghardt:* Kompendium der Sozialpolitik. Allgemeine Sozialpolitik, Lohnpolitik, Arbeitsmarktpolitik, Politik der Sozialversicherung. Berlin (Duncker & Humblot) 1979, S. 130.

[25] *Fritz Windhager:* Kernenergie im Widerstreit politischer Interessen, in: *Fritz Windhager (Hrsg.):* Kernenergie für Österreich. Analysen zur Energiepolitik. Wien (Verlag der Schriftenreihe „Sicherheit und Demokratie“) 1980, S. 9 ff. (Schriftenreihe „Sicherheit und Demokratie“, Bd. 4).

ZUR FAMILIENORDNUNG

Von Klaus Zapotoczky, Linz

A. Einleitung

Die Ordnungsvorstellungen bezüglich der Familie sind weltweit gesehen sehr unterschiedlich[1]. Dazu haben sie sich aber auch innerhalb ein und desselben Kulturraumes im Laufe der Zeit erheblich verändert[2]. Für die Katholische Soziallehre, die heute *weltweit* anwendbar sein soll, ergibt sich daraus ein spezifisches Dilemma: Wie ist es möglich, allgemeine Grundsätze so zu formulieren, daß sie für *alle Katholiken*, die unter den unterschiedlichsten gesellschaftlichen Bedingungen leben, relevant und praktikabel sind?

Bei der Lösung dieses Problems können meiner Meinung nach zwei Grundgefahren auftreten, nämlich

(a) beim „Komplex von elementaren Lehrsätzen, Prinzipienerkenntnissen, welche die Qualität von Allsätzen haben"[3] stehen zu bleiben, was den „Eindruck des Unverbindlichen" hervorrufen kann;

(b) sich an bestimmten raum-zeitlichen Bedingungen zu orientieren, die aber *nur für einen Teil* der Weltkirche, der eventuell im Augenblick besondere Bedeutung hat (europäisch-abendländische Kirche, polnische Kirche) charakteristisch sind, für die anderen Katholiken (oft zahlenmäßig die Mehrheit) aber eine *fremde und unzutreffende Situation* darstellen. Besonders ungünstig ist eine solche Orientierung dann, wenn die betreffende Bezugssituation selbst schon der Vergangenheit angehört und damit die auf sie aufbauende Lehre der „natürlichen Absterbeordnung"[4] unterliegt, bevor sie verhaltensgestaltend wurde.

Diese beiden Grundgefahren können nur dadurch vermieden werden, daß die oben genannten Prinzipien keine Leersätze darstellen, sondern der jeweiligen Situation entsprechend — eventuell schrittweise — aktualisiert werden, so daß etwa aus dem Dekalog zwar kein bestimmtes absolut gültiges positives Handeln deduziert werden kann, trotzdem aber das Handeln der sozialethisch richtig handeln wollenden Personen nicht beliebig ist. Wird diese Konkretisierungs- und Aktualisierungsbedürftigkeit gesehen, und ist man sich zugleich bewußt, daß dafür die jeweilige raum-zeitliche Situation wesentlich ist, dann wird klar, daß sich die Einheit *nur in der Vielfalt,* nicht aber in der Einheitlichkeit verwirklichen läßt und damit werden die Fehler einer inadäquaten Situationstransferierung schon vom Ansatz her leichter vermeidbar. Zusätzlich erscheint es notwendig, Weltkirche dadurch überall (und auch in Rom) bewußt zu machen, daß die Situationsberichte über die Lage der Kirche in den einzelnen Ländern sorgfältigst (d. h. unter Berücksichtigung der heute verfügbaren Wissensquellen) erarbeitet, von den zuständigen Zentralinstanzen ernst genommen und den anderen Gliedern der Weltkirche bekanntgemacht werden. (Von einander Wissen ist eine notwendige Voraussetzung der Einheit und Solidarität)[5].

Eine andere Quelle einer relativen Unwirksamkeit normativer Sätze — und somit auch von Grundsätzen der Katholischen Soziallehre — ist die *Kluft zwischen Anspruch und Wirklichkeit.* Normative Sätze lassen sich — in der Regel — nur schrittweise einer Realisierung zuführen, und manche Forderungen werden nicht selten deswegen abgelehnt, als realitätsfremd, „theoretisch" im schlechten Sinn des Wortes bezeichnet, weil die gesellschaftliche Wirklichkeit von diesen Forderungen so weit entfernt ist. Dieses Dilemma ist aber jedenfalls n i c h t dadurch zu lösen, daß der Kirche *die Kompetenz* zu Aussagen in diesen Bereichen *abgesprochen wird*[6] oder daß die Kirche diesen Bereich *vernachlässigt,* wie dies für den Bereich der Familie lange Zeit der Fall war[7].

B. Grundprinzipien christlicher Familiengestaltung

Wenn wir hier nach wohlgeordneten Familien im Sinne der Katholischen Soziallehre oder christlicher Sozialethik fragen, dann müssen wir zunächst die grundlegenden Prinzipien herausarbeiten und dann nach der bestehenden Wirklichkeit und damit auch nach den konkreten Möglichkeiten bzw. verständlichen Schwierigkeiten christlicher Familiengestaltung heute fragen.

Basis familiären Zusammenlebens ist die *Ehe* zwischen Mann und Frau, die „durch den personal freien Akt, in dem sich die Eheleute gegenseitig schenken und annehmen"[8], nach göttlicher Ordnung und auch gegenüber der Gesellschaft entsteht. „Diese innige Vereinigung als gegenseitiges Sichschenken zweier Personen wie auch das Wohl der Kinder verlangen die unbedingte Treue der Gatten und fordern ihre unauflösliche Einheit[9]." Diese besondere Bedeutung der Eheschließung wird in der katholischen Kirche dadurch betont, daß die Ehe eines der sieben Sakramente darstellt und bei der Eheschließung das Versprechen der ehelichen Treue und die Betonung des *Charakters der Unauflöslichkeit* der Ehe als konstitutive Elemente besonders betont werden.

Mann und Frau sind aber nicht nur zur ehelichen Treue auf Dauer verpflichtet, sondern haben die Aufgabe, menschliches Leben weiterzugeben und sich um das leibliche Wohl und die *Erziehung ihrer Kinder* zu sorgen, wobei besonders auf die religiöse Erziehung durch das Beispiel der Eltern hinzuweisen ist; deshalb wird die Familie häufig auch als „Hauskirche" bezeichnet. Die Kinder wiederum sind dazu verpflichtet, ihre Eltern zu achten und ihnen „im Unglück und in der Einsamkeit des Alters beizustehen"[10].

C. Zur aktuellen Situation der Familien (in Österreich)

I. Gesellschaftliche Rahmenbedingungen

Wenn „Familie" soziologisch betrachtet wird, dann geschieht dies entweder in *makro-soziologischer* Perspektive, d. h. Familie wird im gesamtgesellschaftlichen Zusammenhang und in bezug auf Teilsysteme der Gesellschaft (wie Staat, Gemeinde, Wirtschaft, Kirche, Schule u. a.) oder in *mikro-soziologischer* Sicht gesehen. Die mikro-soziologische Betrachtungsweise besteht darin, daß die Familie als Kleingruppe mit spezifischer Struktur und speziellen Funktionen aufgefaßt wird und daß hier die Beziehung zwischen den die Familie bildenden Personen und evtl. Untergruppen betrachtet werden.

Diese Unterscheidungen in makro-soziologische und mikro-soziologische Perspektiven kann zu analytischen Zwecken praktisch sein. Man muß sich jedoch der Gefahr bewußt sein, Familie entweder *nur gesellschaftsbezogen* zu sehen und ihre eigendynamischen Kräfte zu vernachlässigen, oder Familie aus dem gesamtgesellschaftlichen Bezug *zu isolieren* und damit entscheidende Zusammenhänge zu übersehen. Zu solchen Zusammenhängen zählen: die Wechselwirkungen zwischen gesellschaftlichem Herrschaftssystem und väterlicher Autorität, worauf *Max Horkheimer*[11] hingewiesen hat, oder die Wechselwirkungen zwischen den wirtschaftlichen Verhältnissen (und deren Veränderungen) und der Familie, oder die Zusammenhänge zwischen Bildungs- und Erziehungssystem und Familie. Auch der uns hier besonders interessierende Zusammenhang zwischen Religion und Kirche einerseits und der jeweiligen Familienstruktur gehört hierher.

Es wird heute in Österreich — die hier wiedergegebenen Daten beziehen sich normalerweise auf Österreich — von einem *größeren Prozentsatz* als jemals früher *geheiratet* (1880 waren in der Altersgruppe der 45 - 55jährigen 24,7 % der Frauen und 22,2 % der Männer ledig, 1979 betrug der entsprechende Prozentsatz 9,4 % für die Frauen und 7,5 % für die Männer)[12]. Auch das *Heiratsalter ist gesunken:* es betrug 1980 bei den Ledigen 24,6 (Männer) bzw. 21,9 Jahre (Frauen)[13]. Im Jahre 1980 gab es in Österreich 46 435 Eheschließungen; bei 77 % waren beide Ehepartner ledig, bei 21 % war wenigstens ein Teil geschieden und bei 2 % war wenigstens ein Ehepartner verwitwet[14]. Im Jahre 1980 ließen sich 13 327 Ehepaare scheiden; eine große Anzahl, wenn man sie in Beziehung zu den Heiratszahlen setzt (ca. 29 %)[15].

Es gibt eine starke *Tendenz* in der österreichischen Gesellschaft und in allen Industriegesellschaften, *nicht ledig zu bleiben.* Es gibt keine exakten Zahlen, wieviele Paare extra legem zusammenleben und aus welchen Gründen auch immer eine *Heirat ablehnen.* Eine nicht unerhebliche Gruppe davon tut dies deshalb, weil sie durch eine Heirat vor dem Standesamt (nicht etwa vor der Kirche) bestimmter, gesetzlich fundierter *Ansprüche verlustig ginge* (beispielsweise Kinderbeihilfe und Stipendium bei Studenten, Rentenansprüche bei Verwitweten, höhere Kinderbeihilfe bei unverheirateten Müttern)[16].

Es ist eine wichtige *Aufgabe christlicher Lebensgestaltung* und kirchlicher Menschenführung, die Christen zu dauernder Treue, zu Sorge um die Kinder, zu Achtung vor den Eltern, aber auch zum Kontakt der Eltern mit den Kindern zu befähigen. Für alle, die in Österreich kirchlich heiraten wollen, ist der Besuch eines sog. Ehevorbereitungskurses vorgeschrieben. Es hat jedoch den Anschein, daß dadurch den Brautleuten zwar viele wichtige Informationen vermittelt werden, aber die so *notwendige Verhaltensprägung* (für das Leben im Alltag) n i c h t geleistet wird. Die oben genannten „Großprinzipien" haben meiner Meinung nach dann eine größere Chance, auf die Dauer verwirklicht zu werden, wenn „haltungsprägende Kleintugenden" (wie beispielsweise Höflichkeit, Bescheidenheit, Pünktlichkeit) das tägliche Leben gestalten. Nun ist es aber eine bemerkenswerte und bedauerliche Tatsache, daß diejenigen Menschen, welche sich an diesen lebensgestaltenden Kleintugenden ausrichten, im allgemeinen in der Gesellschaft belächelt werden. Sie gelten als solche, die nicht wissen, wie „man es macht".

In Österreich und anderswo besteht heute die Tendenz, die *Familie also bloße Privatsache* hinzustellen. Damit wird jedoch die überragende Bedeutung bzw. die prägende Rolle der Familie in der Gesellschaft (z. B. die Sozialisation in der Familie) de facto abgewertet. Gleichzeitig wird erreicht, daß Gesellschaft, Staat und die einzelnen gesellschaftlichen Teilbereiche die Bedürfnisse der Familie nicht ausreichend berücksichtigen.

Das österreichische Familienrecht läßt sich mit den Grundprinzipien christlicher Familiengestaltung vereinbaren. Es geht aus von der Ehe als einer von rechtswegen bestehenden Lebensgemeinschaft zweier

Personen verschiedenen Geschlechts und betont als Zweck dieser Gemeinschaft, Kinder zu zeugen und zu erziehen sowie sich gegenseitig Beistand zu leisten. Dabei geht das Gesetz von der prinzipiellen *Gleichheit* von Mann und Frau aus und hat ein *partnerschaftliches* Ehekonzept zum Idealtyp[17]. Wenn das Gesetz die Ehe auch als Institution auf Dauer konzipiert, so kennt es doch das Zerrüttungsprinzip als Grund für eine Auflösung der Ehe, wenn diese keine lebensfähige Gemeinschaft mehr darstellt. Der österreichische Gesetzgeber hat es sich meiner Meinung nach ziemlich leicht gemacht, bei dieser Anpassung des Gesetzes an die veränderten Wert- und Normvorstellungen: o h n e ausreichende *gesellschaftswirksame Maßnahmen* vorzusehen und praktikabel zu machen, die dahin wirken, daß Ehen und Familien im Sinne der erklärten Ziele dieser Gemeinschaften *sich entwickeln* können und Zerrüttungen hintangehalten werden, bleibt man (verbaliter) bei den hohen Zielen von Ehe und Familie, *nimmt aber* in der rechtlichen Gestaltung der Gesellschaft und ihrer Teilbereiche auf die *Lebensbedürfnisse der Familien zu wenig Rücksicht,* so daß es leicht zu Zerrüttungen kommen kann.

Auch wird es meiner Meinung nach im geltenden Familienrecht dem Ehepartner, der eine Zerrüttung herbeiführt (und damit in deutlicher Weise dem Grundsatz „pacta sunt servanda“ zuwiderhandelt), zu *leicht gemacht,* diese Gemeinschaft wieder aufzugeben, was nicht nur dem Verständnis der Katholischen Soziallehre von der Ehe als Dauergemeinschaft widerspricht, sondern auch dem programmatischen Ziel des österreichischen Familienrechts.

In diesem Zusammenhang scheint es mir auch wichtig, darauf hinzuweisen, daß gut gestaltete Familien für die Gesellschaft einen *unverzichtbaren Beitrag* leisten, so daß es von großer gesellschaftlicher Bedeutung ist, ob es solche Familien (in ausreichender Zahl) gibt oder nicht. Die konkreten Funktionen, die Familien in der Gesellschaft erfüllt haben und erfüllen, waren und sind unterschiedlich. Heute hat die Familie in den Industriegesellschaften folgende Aufgaben:

- Wechselseitige psychische Unterstützung der Familienmitglieder (Humanisierung der Beziehungen),
- Reproduktion (Zeugung, Geburt, Aufzucht der Kinder),
- Erziehung der Kinder (insbesondere durch das Beispiel der Eltern),
- Vermittlung von Werten und Lebenszielen.

Die Art und Weise der Erfüllung dieser Aufgaben und die Bedeutung von Funktionen der Familie sind nach den Phasen im Familienlebenszyklus unterschiedlich; manche Aufgaben sind besondere Aufgaben für die nächste Generation, manche sind intergenerationenfähig, d. h. sind auch (zumindest indirekt) in der Großeltern-Enkelkinder-Beziehung leistbar.

Bei der Vermittlung von Werten und Lebenszielen stellt sich die Frage, *welche Qualitäten* Familien heute in die Industriegesellschaft bringen, die *kaum von anderen* gesellschaftlichen Institutionen vermittelt werden können. Dies scheinen folgende — für die Katholische Soziallehre wichtige (zum Teil unverzichtbare) — Werte zu sein:

(a) *Personalisierung:* Gestaltung des Lebens durch den eigenverantwortlichen Menschen; Bemühen um Erkenntnis des eigenen Selbst und engagierte Auseinandersetzung mit dem Du; über diese Eigen- und Selbständigkeit der einzelnen entsteht die Möglichkeit zum Vertrauen und Sich-Anvertrauen.

(b) *Solidarität:* bewußte und beabsichtigte Bindung an gemeinsame Ziele unter kritischer Beschränkung eigenen Durchsetzungs-Willens und bei Anerkennung der Vorrangigkeit einiger gemeinsamer Ziele durch freien Entschluß für diese.

(c) *Spontaneität:* Unmittelbarkeit und eine gewisse Unbeschränktheit in der emotionalen Reaktion der miteinander verbundenen Personen aufeinander und auf gemeinsam angetroffene Situationen, wodurch auch ein besonderer Weg zur Entdeckung der anderen Person und ihrer spezifischen Bedürfnisse eröffnet wird. Dadurch können der Gesellschaft Impulse zur Innovation gegeben werden.

(d) *Zwischenmenschliches Problemverständnis:* Zusammenhänge als gemeinsame Fragen sehen, gegenseitige Beziehungen und ihre Konfliktformen verstehen und Lösungen erleben lernen, geschieht (in der Regel) in der Familie. Vergleiche mit außerfamiliären emotionalen Beziehungen und Auseinandersetzungen mit wissenschaftlichen Erkenntnissen über psychische und gruppenmäßige Strukturen und Prozesse vertiefen und verbessern dieses Problemverständnis.

(e) *Belastbarkeit auf Dauer:* Widerstand gegen Auflösungstendenzen bzw. Ausflucht und Rückzug in bloß einzelpersönliche Lösungsversuche. Die Flucht vor jeder Belastung, die Vermeidung von Streß und Auseinandersetzung ist eine diesem Werte der Beständigkeit gegenläufige Tendenz in unserer Gesellschaft.

(f) *Subsidiarität:* Gestaltung von Lebensbereichen durch die jeweils kleinste für diese Aufgabenstellung geeignete Gemeinschaft.

Die Gestaltung vieler Bereiche der Gesellschaft ist in einem Ausmaß *kostspielig und bürokratisch* geworden, daß Alternativen dringend nötig sind. Außerdem wird (immer deutlicher) betont, daß auch teure Großorganisationen gewisse Aufgaben eher *schlechter* erfüllen als (dazu auch fähige) kleine Gruppen. Besonders in den Bereichen des Gesundheitswesens, des Bildungs- und Erziehungssystems und beim Problem, eine erfüllte Lebensgestaltung alter Menschen zu erreichen, wird dies deutlich. Die von vielen Aufgaben „entlastete" Familie hat hier Funktionen zu übernehmen.

In diesem Zusammenhang muß auch darauf hingewiesen werden, daß eine größere Aktivität (als bisher) zur Mitgestaltung gesellschaftlichen Lebens *von den Familien selbst* ausgehen muß und die Familien nicht darauf warten dürfen, daß ihnen bestimmte Teilaufgaben und Funktionen zugewiesen werden (Eigeninitiative).

II. Zur inneren Struktur der Familie

Hier muß gefragt werden: was heißt „Familie"? Wenn jemand das Wort „Familie" hört, dann hat er eine bestimmte Vorstellung, die stark auch von seinem familialen Werdegang mitgeprägt ist. Innerhalb der Familien stellt dieses *unterschiedliche Denken* der einzelnen Familienmitglieder über Familie und ihre verschiedenen Zielvorstellungen eine *große Schwierigkeit* dar. Besonders in eher offenen pluralistischen Gesellschaften — wie es die modernen Industriegesellschaften sind — sind schon die Auffassungen über *Ziel und Zweck* von Ehe und Familie und noch mehr über die *Rollenverteilung* zwischen Mann, Frau und Kindern in der Familie *sehr unterschiedlich.* An anderer Stelle habe ich in Zusammenarbeit mit *Frau L. Wilk* auf diese Unterschiede im Bereich der geschlechtsspezifischen Rollenbilder hingewiesen[18]. Aus dieser Differenziertheit ergibt sich meiner Meinung nach die Notwendigkeit, sich rechtzeitig über die tatsächlichen Vorstellungen eines potentiellen Ehepartners bezüglich Ehe und Familie klar zu werden und sich darüber hinaus bewußt zu machen, daß ein späteres Zusammenleben nicht nur eine Koordination der Ehe- und Familienvorstellungen, sondern auch deren praktische Verwirklichung erfordert, woran nicht wenige — besonders sehr idealistische — Ehepartner scheitern, weil sie es nicht zu ertragen gelernt haben, Ziele nicht sofort voll verwirklichen zu können. Es wird darauf ankommen, ob es den Familienmitgliedern immer wieder gelingt, sich in die anderen hineinzudenken, die sie beschäftigenden Inhalte zu sehen und insbesondere in der *wechselseitigen Kommunikation* das notwendige Grundverständnis aufzubringen.

Deutlicher als früher wird uns bewußt, daß es k e i n einheitliches Verständnis von „Familie" und ihrer Gestaltung gibt. Auch in der Katholischen Soziallehre wird es deshalb wichtig sein, darauf hinzuweisen, daß *verschiedene Gestaltungen* von „Familie" christlich sein können, wenn in ihnen die oben genannten Hauptprinzipien verwirklicht werden. Ein Hängen an bestimmten, raum-zeitlich *begrenzten Rollenbildern* und Gestaltungsformen muß überwunden werden.

In jüngster Zeit hat man sich in Österreich — angeregt von den Katholischen Organisationen, die sich mit der Gestaltung des Familienlebens beschäftigen — vermehrt Gedanken darüber gemacht, *welche Faktoren* die Stabilität von *Ehe und Familie gefährden* und hält insbesondere folgende für wichtig:

(1) Starre, *familienfeindliche Arbeitszeiten* und -weisen, die das Zusammensein aller Familienmitglieder stark beschränken (im besonderen Maße ist dies z. B. bei Schichtarbeit der Fall) und sowohl die familiäre Kommunikation als auch sinnvolle gemeinsame Freizeitgestaltung erschweren. Besonders schädlich wirken sich starre Arbeitszeiten auf berufstätige Mütter und ihre Kinder aus.

(2) Derzeitiger *kommunikations- und kinderfeindlicher Wohn- und Städtebau.* Die derzeit vorherrschende Bauweise wirkt eher isolations- als kontaktfördernd; dies kann besonders bei nicht außerhäuslich erwerbstätigen Frauen zu einem Kommunikationsdefizit beitragen. Andererseits schränkt der moderne Städtebau den Freiheitsspielraum von Kindern, der für eine gesunde, psychische Entwicklung nötig ist, oft radikal ein.

(3) *Fehlen der Möglichkeit zum Erlernen* partnerschaftlichen Verhaltens *an Vorbildern;* fehlende Gesprächsbereitschaft und -fähigkeit. Vor allem die Herkunftsfamilie hat die Aufgabe, Kinder und junge Menschen dazu zu befähigen, eine befriedigende Partnerbeziehung einzugehen und zu leben. Unersetzliche Voraussetzung dazu ist die Fähigkeit und Bereitschaft, mit einem Partner über die eigenen Probleme, Freuden und Sorgen zu kommunizieren. Häufig aber versagt gerade in dieser Beziehung die Herkunftsfamilie einmal dadurch, daß die Interaktion der Ehepartner nur selten als nachahmenswertes Vorbild erlebt wird, zum anderen durch die mangelnde Fähigkeit der Eltern, Konflikte mit ihren Kindern positiv zu bewältigen.

(4) *Rollenunsicherheit* von Mann und Frau, häufig verbunden mit einer *Überforderung der berufstätigen Frau* bei geschlechtsspezifischer Rollenteilung in der Familie. Rollenunsicherheit führt häufig zu Erwartungen an den Partner, die dieser eigentlich nicht von vornherein bereit ist zu erfüllen. Da bei Männern traditionalistische Rollenbilder häufiger als bei Frauen zu finden sind, kann dies bei mangelnder Gesprächsbereitschaft und fehlender Anpassungsfähigkeit zu schweren ehelichen Konflikten führen.

(5) Emotionale Überforderung. Ein realitätsfernes, *romantisches Klischee* einerseits und die Kleinheit der heutigen Kernfamilie anderer-

seits führen häufig dazu, daß vom Ehepartner die Befriedigung aller Wünsche erwartet wird. Die Enttäuschung über das dann fast notwendige Versagen des Ehepartners kann zu schweren Ehekrisen führen.

(6) *Unrealistische* Darstellung der Familie in den *Massenmedien.*

Der Streit um den richtigen Familienbegriff wird dann besonders wichtig (auch für die Praxis), wenn Einzelne oder einzelne Gruppen ihr Bild von Familie anderen *aufzwingen* und eine andere Gestaltung von Familienleben nicht dulden wollen. Auf der anderen Seite muß deutlich aufgezeigt werden, daß Lebensgemeinschaften, die n i c h t auf den Grundprinzipien der Familie aufbauen, mit Familien *nicht gleichgesetzt* (und schon gar nicht privilegiert) werden dürfen, solange ein Staat die von der Katholischen Soziallehre herausgestellten Basisprinzipien bejaht, wie das der österreichische Gesetzgeber im neuen Familienrecht prinzipiell tut. Auch wenn man der Meinung von *Mitterauer* zustimmt, daß die Kleinfamilie auch früher die häufigere Familienform gewesen sei[19], so ergibt sich für die innere Situation der Familie heute dadurch ein wesentlicher Unterschied zu früher, daß zum einen die *Anzahl der Familienmitglieder* erheblich *zurückgegangen* ist und zum anderen die Familien und ihre Umgebung oft *nicht mehr so integriert* sind wie früher. Aus ersterem folgt eine *Veränderung der Kontakt- und Beziehungsmöglichkeiten* in der Familie selbst. Bei größeren Gruppen sind Subgruppen möglich, ist Pluralität von Meinungen leichter verwirklichbar und werden verschiedene Konflikte in unterschiedlichen Konfliktgruppen ausgetragen, was die Gesamtgruppe weniger belastet bzw. seltener vor Zerreißproben stellt. Aus letzterem ergibt sich die *Isolation von* (insbesondere neu zugezogenen) *Personen,* die nicht über andere Vermittlungskanäle (vor allem Arbeitsplatz und Schule) Beziehungen aufbauen können. Dieses Phänomen war und ist vor allem in Neubaugebieten am Stadtrand von Großstädten zu finden und trifft insbesondere die Frauen, die keiner außerhäuslichen Erwerbstätigkeit nachgehen (können), sondern sich um die Kinder kümmern (müssen). Man spricht von „grünen Witwen".

D. Forderungen an die Familiengestaltung heute

I. Die Katholische Kirche muß die *Basisprinzipien der Familie:* Monogamie, Ehe als unauflösliche Einheit, Familie als einziger legaler Ort der Weitergabe des Lebens, Pflicht der Eltern zur (auch religiösen) Erziehung der Kinder, Pflicht der Kinder, die Eltern zu achten und ihnen (im Alter) beizustehen, einerseits in ihrer Lehre *besonders beto-*

nen und andererseits Möglichkeiten aufzeigen, wie in den konkreten Gesellschaften diese Prinzipien gelebt werden können.

II. Der Lebensbereich „Familie“ wurde bisher in Österreich weder qualitativ noch quantitativ ausreichend sozialwissenschaftlich erfaßt; es gibt keine echte Familienstatistik und es gibt auch *keine systematische Familienforschung*, vor allem nicht unter Berücksichtigung der oben genannten Schwerpunkte. Es erscheint daher eine vordringliche Aufgabe kirchlicher Sozialforschung zu sein, einerseits auf dieses Defizit (immer wieder) hinzuweisen (und sich z. B. mit dem gegenwärtigen Standard der Familienberichte der Bundesregierung[20] nicht zufrieden zu geben) und andererseits selbst entsprechende Pilotstudien durchzuführen.

III. Ehen und Familien *in ihrer konkreten* (vom Blickpunkt der Katholischen Soziallehre immer erneuerungsbedürftigen) *Gestaltung* (und n i c h t als Zielvorstellungen) müssen zum Ausgangspunkt familienpolitischer Aktivitäten der einzelnen, der verschiedensten Gruppen und Organisationen, aber auch von Kirche, Staat und Gesellschaft gemacht werden. Ehen und Familien müssen als (ständig verbesserungsbedürftige) *Prozesse* verstanden werden, eher als Systeme von Beziehungen und weniger als organisatorische Einheiten. (Auf die jeweiligen Phasen im Lebenszyklus und die spezifischen Bedürfnisse der Familienmitglieder in diesen ist besonders Rücksicht zu nehmen.)

IV. Kirche, Staat und Gesellschaft sind für ihr Überleben auf geordnete Familien angewiesen. Daraus ergibt sich die Verpflichtung für Kirche, Staat und Gesellschaft, den Familien einen *ausreichenden Lebensraum zu sichern* und nach dem Subsidiaritätsprinzip die notwendigen und wünschenswerten Hilfen zu leisten; außerdem sollen die genannten Institutionen bei der Behandlung familienrelevanter Probleme n i c h t von einzelnen Familienmitgliedergruppen (Väter, Mütter, Kinder) ausgehen, sondern von der *Realität der Familie.*

---

[1] Siehe *William F. Ogburn und Meyer F. Nimkoff:* Sociology, 4. Aufl. Boston, New York et al. (Houghton Mifflin) 1964, S. 602 ff.

[2] Siehe *Michael Mitterauer und Reinhard Sieder:* Vom Patriarchat zur Partnerschaft. Zum Strukturwandel der Familie. München (Beck) 1977 (Beck'sche Schwarze Reihe, Bd. 185).

[3] *Anton Burghardt:* Katholische Soziallehre. Anmerkungen zu ihren Konstanten und Variablen, in: *Alois Brusatti et al. (Hrsg.):* Soziologie und Sozialpolitik. Ausgewählte Schriften von Anton Burghardt aus Anlaß seines 70. Geburtstages. Berlin (Duncker & Humblot) 1980, S. 191.

[4] *Anton Burghardt*, a.a.O., S. 194.

[5] Siehe *Alois Wagner und Christoph Mayerhofer:* Fünfjahresbericht über den Stand der gesellschaftlichen Wirksamkeit der Kirche in Österreich. Bericht, Dokumentation. Wien (Erzbisch. Ordinariat) 1977.

[6] In Zusammenhang mit der Enzyklika „Humanae vitae" wurde von vielen, denen die Aussagen in dieser Enzyklika nicht paßten, der Kirche eine Zuständigkeit in den Bereichen Ehe und Familie abgesprochen.

[7] Siehe *Oswald von Nell-Breuning:* Gerechtigkeit und Freiheit. Grundzüge katholischer Soziallehre. Wien, München, Zürich 1980, S. 53 (Soziale Brennpunkte, hrsg. von der Katholischen Sozialakademie Österreichs, Bd. 8).

[8] *Bundesverband der Katholischen Arbeitnehmer-Bewegung Deutschlands (Hrsg.):* Texte zur katholischen Soziallehre. Die sozialen Rundschreiben der Päpste und andere kirchliche Dokumente, 4. Aufl. Kevelaer (Butzon & Bercker) 1977, S. 366.

[9] *Bundesverband der Katholischen Arbeitnehmer-Bewegung Deutschlands (Hrsg.):* Texte zur katholischen Soziallehre, a.a.O., S. 367.

[10] *Bundesverband der Katholischen Arbeitnehmer-Bewegung Deutschlands (Hrsg.):* Texte zur katholischen Soziallehre, a.a.O., S. 367.

[11] Siehe *Max Horkheimer:* Autorität und Familie, in: *Max Horkheimer:* Traditionelle und kritische Theorie. Vier Aufsätze, 8. Aufl. Frankfurt (Fischer) 1980, S. 162 ff. (Fischer Taschenbücher. Bücher des Wissens 6015).

[12] Siehe *Österreichisches Statistisches Zentralamt (Hrsg.):* Sozialstatistische Daten 1980. Wien (Statistisches Zentralamt) 1981, S. 33 (Beiträge zur österreichischen Statistik, Heft 613).

[13] Siehe *Österreichisches Statistisches Zentralamt (Hrsg.):* Statistisches Handbuch für die Republik Österreich, Bd. 32 (1981), Wien (Statistisches Zentralamt) 1981, S. 29.

[14] Siehe *Österreichisches Statistisches Zentralamt (Hrsg.):* Statistisches Handbuch für die Republik Österreich, Bd. 32, a.a.O., S. 30.

[15] Siehe *Österreichisches Statistisches Zentralamt (Hrsg.):* Statistisches Handbuch für die Republik Österreich, Bd. 32, a.a.O., S. 41.

[16] Seit Jänner 1982 beträgt das Karenzurlaubsgeld für *verheiratete* Mütter S 3 525.— und für *alleinstehende* Mütter S 5 272.— im Monat. Siehe *Kammer für Arbeiter und Angestellte für Oberösterreich (Hrsg.):* Informationsblatt der Kammer für Arbeiter und Angestellte für Oberösterreich und der Landesexekutive Oberösterreich des Österreichischen Gewerkschaftsbundes, Jahrg. 31 (1982), Nr. 1, Linz Jänner 1982.

[17] Siehe *Max Weber:* Wirtschaft und Gesellschaft. Grundriß der verstehenden Soziologie, 5. Aufl. Tübingen (Mohr-Siebeck) 1976, S. 10.

[18] Siehe *Lieselotte Wilk und Klaus Zapotoczky:* Familie und Gesellschaft. Strukturelle Probleme aus soziologischer Sicht, in: *Katholischer Familienverband Österreichs (Hrsg.):* Familie — Hoffnung für die Zukunft Europas. Europäischer Familienkongreß Wien - Baden, 26. bis 29. Oktober 1978. Dokumentation. Wien (Katholischer Familienverband Österreichs) 1980, S. 97 ff.

[19] Siehe *Michael Mitterauer und Reinhard Sieder:* Vom Patriarchat zur Partnerschaft, a.a.O.

[20] Siehe *Bundeskanzleramt (Hrsg.):* Bericht über die Situation der Familie in Österreich. Familienbericht 1979. Wien (Bundeskanzleramt) 1979.

ZUR FRIEDENSORDNUNG

Von Valentin Zsifkovits, Graz

Derzeit geht in Europa eine Bewegung um: die Friedensbewegung. Sie vereinigt Menschen, vor allem junge Menschen, verschiedener Provenienz und Weltanschaung[1]. Dabei ist diese Friedensbewegung dazu angetan, Menschen, Parteien und selbst auch Kirchen zu spalten, weil in Berufung auf dasselbe Ideen- und Grundsatzprogramm unterschiedliche Friedenskonzeptionen vertreten werden. So ist z. B. die SPD in der Bundesrepublik Deutschland in der Frage der NATO-Nachrüstung uneinig[2]. In christlichen Kirchen vertreten die einen in Berufung auf christliche Grundsätze die einseitige Abrüstung, andere sind dagegen[3]. Jeder der beiden Teile ist der Meinung, seine Konzeption wäre am besten dazu geeignet, den Frieden zu sichern. Aus dieser Überzeugung heraus werden oft die Vertreter anderer Positionen zu „Feinden des Friedens“ erklärt. Man sieht: der Friede ist durchaus imstande, Streit zu erzeugen. Um einen solchen Streit zu einem fruchtbaren im Sinne des Friedens zu gestalten, sollen im folgenden einige friedensrelevante Thesen diskutiert und entwickelt werden.

A. These 1: Der Krieg ist ein furchtbares Übel

So selbstverständlich diese These heutzutage auch klingen mag, sie stellte nicht immer eine solche Selbstverständlichkeit dar. Erinnert sei in diesem Zusammenhang z. B. an *Friedrich Nietzsche* mit seiner Aussage: „Ihr sollt den Frieden lieben als Mittel zu neuen Kriegen ... Der gute Krieg ist es, der jede Sache heiligt. Der Krieg und der Mut haben mehr große Dinge getan als die Nächstenliebe ...“[4] Und an einer anderen Stelle schreibt er: „Einstweilen kennen wir keine anderen Mittel, wodurch mattwerdenden Völkern jene rauhe Energie des Feldlagers ... mitgeteilt werden könnte, wie das jeder große Krieg tut[5].“ Und bei *Hegel* finden sich ähnliche Töne, wenn er etwa bemerkt, daß der Krieg es sei, welcher es bewirke, daß die sittliche Gesundheit der Völker erhalten werde, wie „die Bewegung der Winde die Seen vor der Fäulnis bewahrt, in welche sie eine dauernde Stille, wie die Völker ein dauernder, oder gar ein ‚ewiger Frieden‘ versetzen würde“[6]. Es ließen sich noch weitere Beispiele eines Lobpreisens des Krieges als einer Schule des Mutes, der lebensnotwendigen Härte und anderer wirklicher oder angeblicher Tugenden anführen. Hier sei nur noch an den Text eines heute noch gesungenen Jugend- und Soldatenliedes erinnert, wo in der „Euphorie" des Mutes und des zu erringenden Sieges die Tatsache ausgeblendet bleibt, daß der zu tötende Feind ein Mitmensch mit derselben Menschenwürde ist, an das Lied nämlich: „Wir lieben die Stürme, die brausenden Wogen ...". In diesem Text heißt es u. a.: „Wir treiben die *Beute* [Hervorhebung vom Verf.] mit fliegenden Segeln, wir jagen sie weit auf das endlose Meer" ...; und: „Wir stürzen an Deck und kämpfen wie Löwen, hei unser der Sieg, viel Feinde, viel Ehr[7]!"

Nun, heute ist die Tatsache des Krieges als Übel viel allgemeiner im Bewußtsein der Menschen verankert als das in früheren Zeiten der Fall war. Dazu haben vor allem drei Faktoren wesentlich beigetragen: einmal das Erlebnis der beiden Weltkriege mit den Millionen von Toten auf den Schlachtfeldern; sodann die Fürchterlichkeit der modernen Massenvernichtungswaffen; und schließlich die Tatsache, daß der Wert und die Würde menschlichen Lebens allgemein und tiefer in den Rechtsdokumenten der Völkergemeinschaft und vor allem im Bewußtsein der Menschen verankert ist, wenn auch immer noch diese Menschenwürde oft mit Füßen getreten wird, weil solchen Proklamationen nicht immer die konsequente Tat folgt und weil das Rechtsbewußtsein allgemein gesehen zwar fortgeschrittener als früher, aber in vielen Zonen immer noch unterentwickelt ist.

Wenn also die Tatsache vom Krieg als einem furchtbaren Übel heutzutage allgemein in das Bewußtsein der Menschen gedrungen ist, so kann man diese Tatsache dennoch nicht genug betonen. Denn auch heute sind mitunter noch Meinungen anzutreffen, die einer gewissen Bagatellisierung dieses so furchtbaren Übels zumindest Vorschub leisten könnten. Gemeint sind damit Aussprüche wie: „Wir brauchen die Rüstung zur Sicherung der Arbeitsplätze"; oder: „Die Jugend soll zum Militär, damit sie Ordnung und Disziplin lernt und das ‚Gammlertum mit den langen Haaren' ablegt"; und dgl. mehr. Solche Ansichten sind deswegen gefährlich, weil es passieren kann, daß es bei *solcher* Rechtfertigung des Rüstungs- und Militärkomplexes zu einer Art Fixierung auf angeblich oder wirklich Positives kommen kann, wodurch der Blick vor der ganzen Tragik des Übels Krieg getrübt wird. Um es in aller Klarheit zu sagen: wegen der Arbeitsplätze brauchen wir wirklich keine Rüstung, denn jeder halbwegs gebildete Ökonom vermag ein Gleichgewichtsmodell ohne Rüstung zu erstellen. Auch braucht man kein Militär, um die Jugend zu Ordnung und Disziplin zu erziehen.

Solches läßt sich anders besser und nachhaltiger bewerkstelligen. Und es muß noch einmal unterstrichen werden: der Krieg ist nicht *irgendein* Übel, sondern eines der *allerschrecklichsten*, zumal heutzutage jeder Krieg zu einer Totalvernichtung der Menschheit eskalieren kann.

Gerade deswegen ist die in letzter Zeit diskutierte These der Führbarkeit eines Atomkrieges bzw. die These des begrenzten Nuklearkrieges, die doch im letzten eine Verniedlichung des Grauens des Krieges darstellt, gefährlich. Die Rüstung, besonders die nukleare, die als Teil einer *Kriegsverhinderungsstrategie* galt, wird dadurch Kern einer *Kriegsführungsstrategie*. Die Auswirkungen solcher Konzeptionen, zumal sie von Säbelrasseln und vom Spiel mit den Muskeln begleitet werden, auf das Meinungsklima bezüglich des Friedens dürften doch eher negativ denn positiv sein.

B. These 2: Der Friede ist ein zentraler Wert der Menschheit von heute und morgen

Bedenkt man die Summe der Übel, ja die enorme Übellawine, die ein konventionell geführter Krieg anrichtet und in viel schrecklicherer Weise ein Nuklearkrieg anrichten würde, dann wird klar, daß der Friede, verstanden als Abwesenheit von Krieg und organisierter Gewaltanwendung sowie Vorhandensein grundlegender Werte wie Gerechtigkeit und Freiheit, daß also solcher Friede nicht *irgendeinen* Wert darstellt, sondern den *Zentralwert* der Menschheit von heute und morgen. Denn solcher Friede ist die Voraussetzung zur Realisierung vieler weiterer fundamentaler Werte. Anders ausgedrückt: weil der Friede eine *wesentliche Voraussetzung* für die Realisierung vieler Werte und die Basis und *Ermöglichungsbedingung* der meisten Menschenrechte darstellt, die als wesentliche Komponenten der Vervollkommnung von einzelnen und Gruppen gelten, kann man in einem weiteren Sinn des Wortes vom *fundamentalen Recht des Menschen, der Gruppen, der Staaten, ja der ganzen Menschheit auf Frieden* sprechen.

Diesem so verstandenen Recht auf Frieden auf der einen Seite entspricht eine fundamentale *Pflicht zum Frieden* auf der anderen Seite. Alle einzelnen, alle Gruppen, alle Staaten dieser Weltgesellschaft und die ganze Völkergemeinschaft sind verpflichtet, den ihnen möglichen Beitrag zum Frieden zu leisten. Die Position des klassischen Völkerrechts also, die ein Recht der Staaten zum Krieg kannte, ist mit diesem Verständnis der Pflicht zum Frieden unvereinbar. Die *Völkerbundsatzung* hat ja den Staaten dieses Recht genommen, indem sie bestimmte, daß jeder Krieg Sache des Bundes sei; im *Briand-Kellog-Pakt* von 1929 verzichteten die Vertragsstaaten auf den Krieg als Mittel der internationalen Politik; und die *Satzung der Vereinten Nationen* dehnte das Kriegsverbot zum allgemeinen Gewaltverbot aus. Dementsprechend gibt es nach dieser Satzung und nach dem modernen Völkerrecht eine Friedenspflicht der Staaten und der Krieg kann nicht mehr als „ein wahres politisches Instrument ..., [als] eine Fortsetzung des politischen Verkehrs, ein Durchführen desselben mit anderen Mitteln“[8] betrachtet werden, wie das noch seinerzeit im Klassischen Völkerrecht der Fall war und durch *Carl von Clausewitz* so formuliert wurde.

C. These 3: Der Friede ist nur in einer umfassenden Strategie zu verwirklichen, wobei Nah- und Fernziele zu beachten sind

Staaten pflegten und pflegen in einer breit angelegten Strategie den *Ernstfall einer Konfliktauseinandersetzung, den Krieg, vorzubereiten.* Die Kosten sind dabei enorm und übersteigen nicht selten die wirtschaftliche Leistungsfähigkeit mancher Staaten. Es grenzt an Wahnsinn, daß die Staaten der Welt im Rüstungswettlauf ihre eigene Zerstörung „planen“ und dabei Energien „verpulvern“, die man viel sinnvoller zur Beseitigung von Hunger, Not und Krankheit einsetzen könnte. Angesichts dieser Tatsache drängt sich von selbst die Forderung nach radikaler Umkehr auf, konkret die Forderung, anstelle der umfassenden Strategie der Kriegsvorbereitung eine *umfassende Strategie des Friedens* als des Zentralwertes der Menschheit von heute und morgen zu betreiben. In solcher Strategie ist näherhin folgendes besonders zu beachten:

1. Mit dem an Wahnsinn grenzenden Rüstungswettlauf, der nicht nur enorme Energien und Rohstoffe verschlingt, sondern auch die Gefahr einer Nuklearkatastrophe steigert, befinden sich die Staaten, vornehmlich die Supermächte, in einem Dilemma, das sich spieltheoretisch als *Gefangenen-Dilemma*[9] illustrieren läßt. Eine der wichtigsten Ursachen dieses Dilemmas ist das mangelnde gegenseitige Vertrauen. Dementsprechend lautet ein dringender Friedensimperativ: *Aufbau internationaler Vertrauensstrukturen.*

2. Die eben erwähnte Tatsache vom Rüstungswahnsinn mit gesteigerter Gefahr einer Nuklearkatastrophe und mit den enormen Kosten angesichts von so viel Elend in der Welt läßt die Forderung nach Abrüstung besonders dringlich erscheinen. So würden nach *James P. Grant*[10] zusätzlich investierte 10 bis 15 Milliarden Dollar jährlich bereits ausreichen, die absolute Armut zu bekämpfen. Wie das SIPRI Yearbook 1979 in einer Aufstellung zeigt, wurden im Jahre 1978 fast 279 Milliarden Dollar (in Preisen von 1973; im Jahre 1977 waren es etwas über 357 Milliarden Dollar in Tagespreisen) für Rüstungsgüter ausgegeben[11].

— Dabei wird mit dem Hinweis, daß die Bemühungen um eine *gleichzeitige und allseitige* bzw. *beiderseitige Abrüstung* bisher zu keinem Erfolg geführt haben, die Forderung nach *einseitiger Abrüstung* als Vertrauensvorschuß erhoben. So gut und schön diese Forderung klingt, so ist doch zu fragen, wie *realistisch* sie ist. Wenn das Bemühen um beiderseitige Abrüstung bisher wesentlich am Mangel an gegenseitigem Vertrauen gescheitert ist, dann ist doch zu bezweifeln, daß sich in einem solchen Klima des Mißtrauens eine Seite zu einem Schritt entschließen wird, der doch viel mehr Vertrauen voraussetzt. Weiterhin ist es nicht sicher, daß die Alternative der einseitigen Abrüstung gegenüber der jetzigen Situation das *geringere Risiko* darstellt, wie dies von den Postulanten der einseitigen Abrüstung behauptet wird. Die nuklear schwächere Position des einseitig abgerüsteten Gegners könnte doch in einer Konflikt- und Engpaßsituation auf den nuklear Stärkeren (die Abrüstung nicht mit- bzw. nachvollzogen habenden Konfliktpartner), zumal wenn es sich um einen mit totalitärer Ideologie handelt, *verführerisch* wirken. Und das Argument der Befürworter der einseitigen Abrüstung, welches von der Erfolglosigkeit der Bemühung um beiderseitige Abrüstung in der Vergangenheit auf eine dementsprechende Erfolglosigkeit in der Zukunft schließt, ist auch nicht ganz schlüssig. Denn Voraussagen für die Zukunft werden sinnvollerweise unter der Klausel „rebus sic stantibus" gemacht. Nun kann in der Rüstungs- bzw. Abrüstungsfrage doch der erhöhte Druck der Nukleargefahr und der steigenden Kosten geänderte Situationen und Bedingungen schaffen, welche einen erhöhten *Zwang zur Abrüstung* schaffen.

3. Da das Gute in dieser Welt meist ein *relativ Gutes* ist, und der nach Verwirklichung des Guten strebende Mensch sehr oft in die unausweichliche Situation gestellt ist, zwischen zwei Übeln wählen zu müssen, so wird sich auch in der Frage des Friedens die Wahl bzw. das Inkaufnehmen *des geringeren Übels* als Wahl des relativ Guten bzw. Besseren erweisen. Dabei kann es sehr leicht vorkommen, daß man bei *gleicher Gewissenhaftigkeit* und bei *gleicher Friedensliebe* infolge der Komplexität des Friedensproblems zu *unterschiedlichen Ergebnissen* im Konkreten gelangt: ein Phänomen, auf das Art. 43 von „Gaudium et Spes" aufmerksam macht. Solche Unterschiede in konkreten Strategien des Friedens hängen doch auch von unterschiedlichen Annahmen für die Zukunft ab, was wiederum mit unterschiedlichen Erfahrungen der Vergangenheit und unterschiedlichen Annahmen über Reaktionsweisen von Menschen und Systemen zusammenhängt. Soll es nun nicht zum „Krieg" der Friedens-„Kämpfer" bzw. zur Anarchie der Friedensbemühungen kommen, dann muß ein *Dialog der Friedfertigen* stattfinden, um sich auf einen gemeinsamen Strategierahmen zu einigen.

Intoleranz und Diskriminierung Andersdenkender in Sachen des Friedens ist sicherlich nicht friedensfördernd.

4. Der Friede muß auf *breiter Basis* grundgelegt und aufgebaut werden, in dem einerseits auf den *drei wichtigsten Existenzebenen*[12] (nämlich der Ebene des Individuums, des Nationalstaates und der Völkergemeinschaft) die Unfriedensursachen beseitigt werden, und andrerseits die Gerechtigkeit *allseitig* verwirklicht wird. Was die Beseitigung der Unfriedensursachen auf den drei genannten Existenzebenen anlangt, so ist dazu folgendes festzuhalten:

(a) Auf der *Individualebene* wird es vor allem darum gehen müssen, das an sich plastische Aggressionspotential des einzelnen auf positive Ziele hin zu entfalten bzw. zu kanaliseren und die Aggression zu einer *„gekonnten"* bzw. *„konstruktiven"* zu entwickeln.

(b) Auf der Ebene des *Nationalstaates* bzw. der nationalen Gesellschaft wird es vor allem darauf ankommen, die humanen *Grundwerte* im sittlichen und rechtlichen Bewußtsein sowie im Verhalten der Bürger zu festigen und zu kultivieren, ferner Strukturen und Institutionen zwecks Sicherung und Pflege solcher Grundwerte aufzubauen bzw. auszubauen und schließlich das nationale Gemeinwohl als integrierenden Bestandteil eines umfassenden Weltgemeinwohls zu begreifen.

(c) Was schließlich die *internationale Ebene* betrifft, so bedeutet Frieden als Beseitigung von Kriegsursachen vor allem die Entwicklung eines echten *Weltbürgerbewußtseins* und einer echten *Weltbürgersolidarität* bei möglichst allen Bürgern der Weltgesellschaft sowie den Aufbau bzw. Ausbau internationaler Beziehungsstrukturen und internationaler Institutionen zwecks Pflege und Verwirklichung solcher Gemeinwohlsolidarität mit besonderer Berücksichtigung der Herausbildung eines *Weltbürgerrechts.* Damit sind vor allem gemeint: die Pflege internationaler freundschaftlicher Kontakte, eine gerechte Weltwirtschaftsordnung sowie eine nach dem Subsidiaritätsprinzip gestaltete Weltautorität, welche, von der Loyalität der Weltbürger und der Einzelstaaten getragen, das Weltgemeinwohl wirksam zu verwirklichen vermag.

5. Friede als Verwirklichung von *grundlegenden Werten wie Gerechtigkeit und Freiheit* und vor allem als Abwesenheit von Gewalt bleibt im Vollsinn des Wortes in dieser Welt der Vorläufigkeit und der Unvollkommenheit ein *hohes Fernziel,* dem man sich durch *konkrete Nahziele* möglichst annähern soll. Wenn der so verstandene Friede mitunter als *Utopie* erscheint, dann muß solche Utopie in jener *positiven Variante* aufgefaßt werden, aufgrund derer alle schöpferischen Kräfte mobilisiert werden, um jenes Maß an Frieden zu verwirklichen, das

gestern noch unmöglich schien, damit nicht die *Negativvariante* der Utopie, nämlich die *Schreckensutopie*, Wirklichkeit wird.

---

[1] Vgl. *Michael Schwelien und Stefan Moses:* Friedenstauben, in: Zeit Magazin, Nr. 52 vom 18. Dezember 1981, S. 8 ff., S. 44 f.

[2] Vgl. dazu aus der großen Anzahl von Artikeln nur *Gunter Hofmann:* SPD-Auseinandersetzung um Nachrüstung. Die Neigung zu Konflikten wächst, in: Die Zeit, Nr. 20 vom 8. Mai 1981, S. 4.

[3] Vgl. dazu nur die „Erklärung der österreichischen Bischöfe zur Friedensproblematik" (abgedruckt durch Kathpress-Dokumentation e/est 215 vom 9. November 1981) und die Reaktion der Katholischen Hochschuljugend Salzburg, des Politischen Arbeitskreises der Katholischen Hochschulgemeinde und der Katholischen Hochschulgemeinde Salzburg in einem „Offenen Brief an die Bischöfe Österreichs" vom 28. November 1981, der mit dem Satz beginnt: „Als Christen, die sich für Frieden und Abrüstung einsetzen, sind wir schockiert von den Erklärungen der Österreichischen Bischofskonferenz zur Friedensproblematik vom 6. 11. 1981." — Siehe auch *Ulrich Ruh:* Schwierigkeiten mit dem Frieden, in: Herder Korrespondenz, Bd. 35 (1981), S. 54 ff.; *Dieter Strothmann:* Ist in der Kirche der Teufel los?, in: Die Zeit, Nr. 26 vom 19. Juni 1981, S. 1; *Herwig Büchele:* Bergpredigt und Frieden. „Einseitige Vorleistung" als Lösungsversuch, sowie *Hubert Feichtlbauer:* Gleichgewicht verstehen die Großmächte besser. Versuch einer Argumentation zugunsten einer realistischen Lösung, in: Die Furche, Jahrg. 37 (1981), Nr. 45, S. 3.

[4] *Friedrich Nietzsche:* Werke. Kritische Gesamtausgabe, hrsg. von *Giorgio Colli und Mazzino Montinari*, Abt. 6, Bd. 1. Berlin (de Gruyter) 1968, S. 54 f.

[5] *Friedrich Nietzsche,* a.a.O., Abt. 4, Bd. 2, S. 321 f.

[6] *Georg Wilhelm Friedrich Hegel:* Sämtliche Werke. Jubiläumsausgabe in 20 Bänden, hrsg. von *Hermann Glockner,* Bd. 1. Stuttgart (Frommann) 1927, S. 487.

[7] Zitiert nach *Reinhold Brumberger et al.:* Der Bettelmusikant. München (Voggenreiter) 1979, S. 123.

[8] *Carl von Clausewitz:* Vom Kriege. Vollständige Ausgabe im Urtext, 19. Aufl. Bonn (Dümmler) 1980, S. 210.

[9] Vgl. dazu *Anatol Rapoport:* Kämpfe, Spiele und Debatten. Drei Konfliktmodelle. Hrsg. und übers. von *Günther Schwarz.* Darmstadt (Darmstädter Blätter) 1976, S. 192 ff., S. 237 ff.

[10] *James P. Grant:* Die Abschaffung der absoluten Armut, in: Forum der Vereinten Nationen, Jahrg. 4 (1977), Nr. 3, S. 1 f.

[11] World Armaments and Disarmament. SIPRI Yearbook 1979. London (Taylor & Francis) 1979, S. 35.

[12] Zum Drei-Ebenen-Schema vgl. *Michael Haas:* Social Change and National Aggressiveness, 1900 - 1966, in: *Joel D. Singer (Hrsg.):* Quantitative International Politics. Insights and Evidence. New York (Free Press) 1968, S. 45 ff. (International Yearbook of Political Behavior Research, Bd. 6) und *Kenneth N. Waltz:* Man, the State, and War. A theoretical Analysis. New York (Columbia University Press) 1959 (Topical Studies in International Relations).

VERZEICHNIS DER KONTRIBUTOREN

Alois Brusatti, Dr. phil., o. Professor für Wirtschaftsgeschichte an der Wirtschaftsuniversität Wien, Prorektor der Wirtschaftsuniversität Wien, Vizepräsident des Donaueuropäischen Instituts, Vizepräsident des Österreichischen Lateinamerika-Instituts, Geschäftsführer der Kardinal Innitzer-Stiftung, Vorsitzender des Kuratoriums der Kardinal Innitzer-Stiftung, Präsidialmitglied des Vereins der wissenschaftlichen Forschung auf dem Gebiete der Unternehmerbiographie und Firmengeschichte, des Instituts für Sozialpolitik und Sozialreform, der Deutschen Gesellschaft für Unternehmerforschung, Mitglied zahlreicher anderer internationaler und österreichischer politischer und wissenschaftlicher Gesellschaften. Mariengasse 3, A-2500 Baden

Otto Kimminich, Dr. iur., M. A., Professor für öffentliches Recht an der Universität Regensburg, Mitglied des Zentralkomitees der deutschen Katholiken, Präsident der Otto Benecke Stiftung, Präsident der Sudetendeutschen Akademie der Wissenschaften und Künste, Kurator der Deutschen Gesellschaft für Friedens- und Konfliktforschung, Mitglied des International Council for Environmental Law, Mitglied der Deutschen Sektion der päpstlichen Kommission Justitia et Pax, Vizepräsident des Internationalen Instituts für Nationalitätenrecht und Regionalismus. Killermannstraße 6, D-8400 Regensburg

Alfred Klose, Dr. iur., Dr. phil., Dr. rer. pol., Mag., a. o. Professor für Gesellschaftspolitik und politische Theorie an der Universität Wien, Leiter der Wirtschaftspolitischen Abteilung der Bundeskammer der gewerblichen Wirtschaft in Wien, Mitglied des Beirates für Raumordnungspolitik, Mitglied (zeitweise Vorsitzender) des Beirates für Wirtschafts- und Sozialfragen, Vorstandsmitglied des Instituts für Konfliktforschung, des Österreichischen Instituts für Raumplanung, der Österreichischen Gesellschaft für Energiewesen, Kuratoriumsmitglied der Katholischen Sozialakademie in Wien. Stubenring 12, A-1010 Wien

Heribert Franz Köck, Dr. iur., M. C. L., o. Professor für Völkerrecht an der Johannes Kepler Universität Linz, Professor an der Wiener Diplomatischen Akademie, Professor an der Pontificia Accademia Ecclesiastica zu Rom, Rechtsberater der Ständigen Vertretung des

Heiligen Stuhles bei den internationalen Organisationen zu Wien. Bastiengasse 41, A-1180 Wien

Gerhard Merk, Dr. rer. pol., Diplom-Volkswirt, Diplom-Handelslehrer, Professor für Volkswirtschaftslehre an der Universität — Gesamthochschule — Siegen, Präsident der Gesellschaft für Wirtschaftskunde e. V. in Essen. Albertus-Magnus-Straße 2, D-5900 Siegen 1

Gertraude Mikl-Horke, Dr. rer. comm., a. o. Universitätsprofessor für Soziologie an der Wirtschaftsuniversität Wien. Franz Klein-Gasse 1, A-1190 Wien

Herbert Schambeck, Dr. iur., o. Professor für Öffentliches Recht und Politische Wissenschaften an der rechtswissenschaftlichen Fakultät der Johannes Kepler Universität Linz, Stellvertretender Vorsitzender des Bundesrates der Republik Österreich. Sombartstraße 8, A-4045 Linz

Wolfgang Schmitz, Dr. rer. pol., weiland Bundesminister für Finanzen der Republik Österreich, weiland Präsident der Oesterreichischen Nationalbank, Konsulent für Währungsfragen der Bundeskammer für gewerbliche Wirtschaft. Gustav Tschermak-Gasse 3/2, A-1180 Wien

Arthur Fridolin Utz O. P., Dr. theol., emer. Professor für Ethik und Sozialphilosophie an der Universität Freiburg i. Ue., Professor für Christliche Soziallehre am Priesterseminar Rolduc/Roermond, Präsident der Union de Fribourg, Internationales Institut für Sozial- und Politikwissenschaften e. V., Präsident des Instituts für Gesellschaftswissenschaften Walberberg e. V., Ehrenpräsident der Internationalen Vereinigung für Rechts- und Sozialphilosophie e. V. (IVR), Präsident der Internationalen Stiftung Humanum, Präsident des Scientia Humana Instituts e. V. zu Bonn. CH-1783 Pensier FR

Rudolf Weiler, Dr. theol., Dr. rer. pol., Monsignore, Professor für Ethik und Sozialwissenschaften an der Universität Wien, Vorstand des Instituts für Ethik und Sozialwissenschaften der Katholisch-theologischen Fakultät der Universität Wien, Präsident der Societas Ethica, wissenschaftlicher Leiter des Instituts für Sozialpolitik und Sozialreform zu Wien. Schottenring 21, A-1010 Wien

Klaus Zapotoczky, Dr. iur., Lic. soc., o. Professor für Soziologie an der Johannes Kepler Universität Linz, Leiter der Abteilung für Politische Soziologie und Entwicklungsforschung der Johannes Kepler Universität Linz, Mitglied der Deutschen Gesellschaft für Soziologie, Mitglied der Europäischen Gesellschaft für ländliche Soziologie, Mitglied des Vorstandes des Österreichischen College, Mitglied der Görres-Gesellschaft. Altenbergerstraße 6 P, A-4040 Linz

Valentin Zsifkovits, Dr. theol., Dr. rer. pol., o. Professor für Christliche Sozialwissenschaften und Vorstand des Instituts für Ethik und Sozialwissenschaften an der Karl-Franzens-Universität Graz, Dekan der theologischen Fakultät der Karl-Franzens-Universität Graz. Halbärthgasse 2, A-8010 Graz

SACHREGISTER

FSC
www.fsc.org
MIX
Papier | Fördert gute Waldnutzung
FSC® C083411

Kolibri 360 GmbH
Ferdinand-Jühlke-Straße 7
99095 Erfurt, Deutschland
produktsicherheit@kolibri360.de

Druck:
CPI Druckdienstleistungen GmbH
im Auftrag der
Kolibri 360 GmbH
Ferdinand-Jühlke-Str. 7
99095 Erfurt